二五一十

羅乃萱
何志滌

著

序

何志滌　羅乃萱

這本書的編輯過程是這樣的。

我們兩個都有每天在臉書發表文章的習慣，不過女人通常較長氣，男人則是言簡意賅。到某一天，始猝然發覺，原來他寫的都是五點，而她寫的則是十訣。讀起來，剛好是「一五一十」。

也許是夫妻同心，在編輯整理過後，發覺我們關心的範疇，都是大同小異：有親子的、婚姻的、心靈的、家庭的等等。及後，再加上我倆一些相關課題的文章組合。最難能可貴的是，我們的角度正是男女各異，又可以互相補足。

自我們在臉書每天刊登文章，每個星期天晚上做《雙劍合璧》的 YouTube 直播節目以來，收到不少讀者網友熱烈的回應。其中一項是盼望跟我們聊天或分享內心的困惑，只是礙於我們的時間繁忙，不能一一回應各位的熱切要求，而出版這本書正好是一個最適切的回應。

出版的理由很簡單，因為我們相信閱讀。相信在這些蘊含着人生歷練後的體會精句，可以讓大家細讀之下，説不定能找到一些應付當下難題的妙方。而對我們夫妻來説，也是一個新鮮的嘗試。

謹以此書，獻給正在人生十字路口躊躇滿志但不知去向，正在被家庭孩子牽絆不知所措，正在徬徨絕望被困境煎熬的你，但願你在閱讀此書之後，能在絕望中找到點點光，能在無助中找到一點依靠，在沮喪中讀到同行者的一點點安慰！

人生難題何其多，就讓我們一五一十跟你從心細説吧！

附註：感謝《晴報》允許將部分文章給予此書出版。

目錄

灌溉心靈

心靈十訣

情緒十訣

人際十訣

夫妻蜜語

灌溉心靈

保持正向思維的五個秘訣

中國人說：「人生不如意事十之八九。」又說：「禍不單行。」我記得當我女兒三歲那一年，在一個星期日凌晨，突然收到電話，說師母的爸媽家火災，因三級大火，整個房子需要重新裝修，第二天就要搬進服務公寓。

過了幾天，在星期六下午，我帶了女兒去探訪岳父母，女兒卻一不小心撞到後腦，要馬上去看醫生，醫生說暫時沒什麼可以做，要等二十四小時。不過，假如晚上有任何不舒服，就要馬上進醫院。之後又是星期日凌晨，我要把女兒送進醫院。

過了三個月，在星期六的晚上，岳母突然之間中風，在接近星期日的凌晨送到醫院。因「禍不單行」的觀念，每到星期日的凌晨，心中便會突然擔心起來，因為不知道又會發生什麼事。

我是非常肯定中國人的智慧。只是，很多時候因為傳統的觀念，造成很多負面思想，怎樣將之轉化為正向思維，卻又不會是所謂的阿Q精神？有以下五個秘訣：

1 願意吃虧

鼓勵「吃虧」對中國人來說簡直是不可思議。只是，若能吃一時的虧，忍一忍，或許可以改變整個環境。其實，要知道數十年的人生，為何不能退一步，換來「海闊天空」。

2 不要猜疑

人心最容易猜疑，在猜疑中，就不會對人有信任。就算是夫妻，很多時候也會有猜疑說：「為何他今天對我那麼好？」想一想，猜疑對誰的情緒會有所波動？其實，被猜疑的人可能完全不知道自己正被猜疑當中。辛苦的到底會是誰？

3 愛的能力

「愛」有很強的推動力。假如心中有「愛」，可以化解很多的誤會，也會讓人更正面。所以，要培養心中有「愛」。對有信仰的人來說，信仰的基本就是「愛」。

4 從心開始

表裏一致是很重要，表面的改變不可能長久，**唯有因內心改變所帶出外在的行為，才能永久。**《聖經》提到要「心意更新」就是這個意思。對我來說，八年前我開始減肥，因我願意跟隨營養師的建議，四個月已經成功，只是因為營養師說：「真正的成功必須要未來五年體重沒有反彈，才是真正的成功。」

5 本性可移

中國人說：「本性難移。」我認為這是一句詛咒的話。我相信信仰能改變人心，心能改變，性格一定都可以改變，結果是行為改變。

或許在這個年代說「正向思維」並不合宜，只是若人常存「負向思維」，人生並不會過得很開心。轉化自己的負面成為正面，人生會更精彩。

其實，要知道數十年的人生，為何不能退一步，換來「海闊天空」。

活出喜樂的  五 個秘訣

人生總是追求「快樂」（Happy），卻很少說追求「喜樂」（Joy）。嚴格的說，「快樂」與「喜樂」是有所分別的。最基本是「快樂」受環境影響，而**「喜樂」是一種心境，不被環境所影響**。要人快樂並不難，只要環境順順利利，要風得風、要雨得雨，人就會「快樂」。但是，偶一不順，「快樂」就即時消失。從網上看到專欄作家哈理斯（Sydney J. Harris）說過：「『快樂』與『喜樂』不僅不是同義字，兩者意思的差別可能如同天堂與地獄一般。」（Pleasure and joy not only are not synonymous, but may be as profoundly different as heaven and hell.）所以，不要只追求快樂，更重要是追求「喜樂」，活出喜樂的五個秘訣是：

1 知足

中國人說：「知足常樂」，就是人滿足現況，就會快樂。原因很簡單，就是人若常常在比較，看到別人有、自己沒有，就很自然失去喜樂。我還記得我念神學院時擁有的第一部舊車，雖然破破爛爛，後排的車底穿了一個洞，卻已經很滿足。到今天我仍然回味那一部換「擋」的舊車。

2 感恩

我還記得讀小學的時候，家境並不算富裕，小學六年級

就已經做暑期工。每天的收入只是幾塊錢，但是總覺得是憑自己的勞力所賺回來。那個時候並沒有信仰，只是媽媽常常提醒說：「每天能走能吃，就要感恩。」可以說，愈感恩就愈喜樂。

3 謙卑

謙卑並不是自卑。自卑是認為自己什麼都不會。**謙卑卻是知道自己不會，卻能靠神盡上本份**。我並不是天才，智商也不算高。我寫論文過程中有好幾位老師給予我幫助。其中一位對我說：「你第一次見我的時候，你說自己什麼都不會，但你願意學。我知道你一定可以完成論文。」其實，我已經忘記自己所說的話，我只知道自己的不足，卻不能放棄繼續學習。我肯定自己還沒有學會謙卑，只是我願意繼續的學習。謙卑的人比較受教，當學到新的功課，就自然會喜樂。

4 信靠

信靠需要有一個對象，當然找一個值得信靠的對象。對我來說，這對象就是上帝。上帝是無所不能、慈愛、信實等。祂是我們天上的父，耶穌說：「你們（地上的父）雖然不好，尚且知道拿好東西給兒女。何況天父，豈不更將聖靈給求他的人麼。」祂給我們的一定是最好。

5 順服

從上一點得知，天父給我們的是最好，順服也是很自然的回應。

簡單的說，若能做正確的事，人很自然會「喜樂」。順服天父的旨意，一定是一件好事，我們就會一生「喜樂」。

凡事謝恩的 五個功課

從網上查到「好消息」代表聽到一些「有利的、感興趣的、關心的、激動人心的信息」。過去幾個月，我們家真的有很多的好消息。我個人在五月拿到「教牧學博士」、師母在七月知道獲得政府的銅紫荊星章授勳和著作獲獎。這一切都是神的恩典。

使徒保羅說：「凡事謝恩。」**「凡事」**包括**「好消息」**和**「壞消息」**。不過，我相信以下五個功課，能幫助我們「真心」為「好」或「壞」消息而感謝神：

1 思考自己的目標（Think Out）

每個人活在世上必須要有目標，我們從小所寫的「我的志願」，也許在成長過程中不斷的改變，但人始終需要有目標，否則只會營營役役，沒有方向。

2 願意努力工作（Hard Working）

很多人會認為上世紀五十年代的香港人很幸福，因為他們有很多工作機會，我記得那個時候並不需要大學學位，找到一份工作並不困難。我不否定，不過，我們不要忘記那一代的人卻非常努力工作。我爸爸就是一個例子，他從來沒

有想到要買房子，只是努力工作數十年，把六個小孩養大成人，要七十歲才買到一間唐樓。我卻從來沒有聽到他發出一句怨言。

3 知道自己的不足（Acknowledgement）

人的能力一定有限。所以，要知道和承認自己的不足很重要。在能力不足的情況下能夠得到一些成就，就懂得感恩。

4 不要說「不可能」（Never say Never）

因人的不足，有時會面對一些「不可能」的事情。不過，凡事一定不要先定性為「不可能」。

5 知道神的大能（Knowing God）

神說：「在人不能，在神凡事都能。」又說：「若能有信，在信的人，凡事都能。」要知道人是有限，神是無限。

這五點的英文第一個字母加起來是 THANK，即是感謝的意思。就讓我們一起學習感恩，**因為懂感恩的人，人生會更快樂。**

全然寬恕的 五 個「自」

　　若有人做了一些對不起自己的事，心中一定不會很舒服，假如要寬恕，除非對方説「對不起」。但是，撫心自問，就算對方真的説了「對不起」，就一定能寬恕他嗎？偶然在電視看到一部日劇，結局是一對原本要離婚的夫妻，因得到代表這夫妻的兩位律師幫忙，打消了原意，繼續維持這一段婚姻，重點是雙方都向對方説「對不起」。當這一對夫妻離開，滿以為劇終的一刻，這一對律師卻面對面對望，男律師向對方説「對不起」，女律師也向對方説了「對不起」。原來這一對律師是已經離婚的夫妻，他們也因雙方説了「對不起」而挽回夫妻關係。或説這是電視劇，現實可能嗎？我總認為「事在人為」，**夫妻要有美滿的婚姻，就不能不學習「寬恕」**。我嘗試分享個人對寬恕的一些思考，有五方面：

1 自己

　　中國人説：「對己寬，對人嚴。」意思是自己對他人做了一件事，換轉一樣的情況別人做在自己身上，反應一定不一樣。對夫妻而言，寬恕要先從「自己」開始。

2 自願

　　很多時候，會聽到夫妻其中一方説：「不要吵了，向你

説對不起，好嗎？」或説：「都是我錯了，好嗎？」這絕對不是出於「自願」，只是希望解決目前的困境而已。

3 自省

要全然寬恕，必須要自省。婚姻出現問題肯定不是單方面的錯，雙方一定都會有責任。很多時候婚姻出現問題，來到我面前尋求幫助的，一般都是「妻子」，「丈夫」都會説自己沒有問題，只要能平復「妻子」的情緒，他就沒有問題。這就是一個難題，因為婚姻出現問題不可能是單方面的。「自省」的重要就是**先看自己的問題所在**。

4 自認

除了自省，也要肯「自認」，就是願意承認自己的錯。很多時候會説：「假如他不是這樣，我就不會有這樣的反應。」要找出誰對誰錯，找出源頭有時候根本不容易，就算真的找到又怎樣？不也是要寬恕嗎？

5 自然

所謂「自然」，就是成為一種生命的特質，無論是説「對不起」，或接納對方説的「對不起」，都成為一種自然反應。雙方**從小事開始寬恕**，就不會積聚太多沒有解決的小事，造成日後的「大事」。

為何神説「要寬恕人七十個七次」？我相信就是因為上面的五「自」。

除去憂慮的

五個階段

「憂慮」是人對一些突發在自身或身邊的事情所產生的一種情緒。很多人會說：「基督徒因信靠上帝，就應該不會憂慮。」耶穌也曾說：「所以，不要為明天憂慮，明天自有明天的憂慮。」（馬太福音 6：25，34）有人認為耶穌的意思是要專心應付今天的難題。**如果我們為未來憂慮太多，可能會失去良好的判斷力，草率地作決定。**對我來說，「憂慮」是無法避免卻可以除去，只是不是那麼容易，而是需要經過一個過程，讓我分享以下五個除去憂慮的階段：

1 願意接受

不要壓抑憂慮的情緒，因為憂慮是人之常情。就算耶穌也只是說「不要為明天憂慮」，相對今天也會有憂慮。

2 願意面對

要除去憂慮除非去面對，從詩篇中讀到詩人大衛說：「我的心為何憂悶？」換言之，人會因環境引發出情緒。詩人大衛給人的感覺是在自言自語，實情是告訴我們他正在面對憂慮，找出根源。

3 願意依靠

很明顯，知道憂慮的原因是重要的。憂慮是因為人知道
自己的有限，不一定有能力勝過困難。對有信仰的人來說，
就一定要依靠信仰的對象，對基督信仰者，就是要依靠耶穌
基督。

4 願意相信

信仰不只一種寄託，更重要是一種相信。就是要相信一
位獨一真神，祂所容許發生在我們身上的一切，一定有祂的
美意。

5 願意放下

既然有祂的美意，就容易放下憂慮，因為知道這一位獨
一真神，一定會帶領我們走過這一段路程，進入美好的未
來。

耶穌說：「凡勞苦擔重擔的人，可以到我這裏來，我就
使你們得安息。」所以，**重要是放下重擔後，不要重新拿回
來，相信祂一定會幫助我們**。聽到有牧者說：「我們工作，
神安息。我們安息，神工作。」讓我們一起看神工作吧！

勝過困難的

個秘訣

人生不可能沒有困難，重要是怎樣勝過它。以下五個秘訣，值得我們思考：

1 自我反省

自我反省的原因是要知道為何會面對「困難」？因為我們很容易把責任推給別人，我們不是常常聽說：「這是社會的錯！」我相信，每一個困難，或許不完全源於自己的錯，卻也有着個人的因素。

2 仰望上帝

對有信仰的人來說，向所信的神禱告是絕對重要的。不過**向神禱告不是一種依賴**，把事情交給神，美其名是相信祂，自己卻不管，出現問題就把責任推給神說：「為何不保佑我？」

3 信靠順服

有時候信徒禱告只是單向，把自己的困難告訴神，卻不聆聽神的回應。最常見的就是在禱告的時候，自己已經有答案，期望神的答案與自己的一樣，若不一樣就會說：「神沒有回應。」重要是禱告後要相信神所給的是最好的。

面對困難的時候，自己不能逃避責任，
應該要盡力去解決問題。

4 盡上本份

面對困難的時候，自己不能逃避責任，應該要盡力去解決問題。有時候找人幫忙也是需要的，因為「一人計短，二人計長。」

5 不怕挫敗

無論是否有信仰，都會面對挫敗，重要是不要被挫敗打倒，要從挫敗中學習，站起來繼續往前走。

每當遇到困難，千萬不要先打定「輸數」，因為只要交出最好的自己，明天一定會更好。

勝過困難的

五個步驟

　　人生不如意事十之八九，也就是說人生除了不可能「一帆風順」之外，面對不如意是無從避免。重要是如何勝過？我相信學習以下五個步驟，或許明天會更好。

1 知道人是有限

　　人不是神，要知道人一定不可能「十八般武藝，樣樣皆精」。就算人如何聰明，智商多高，也會有多方面的限制，一定有機會遇到困難。

2 找出困難的原因

　　困難的出現一定有原因。只是人一定會把困難的原因推給環境或他人。所以，就常常會聽到有人說是「別人把我害成這樣」。只是，自己也極可能是遇到困難的原因，特別是人際關係上，因為自己的個性而引致溝通不良，所以**許多時候困難出現不一定是由他人所造成**。

3 把自己轉為旁觀者

　　中國人說：「旁觀者清。」遇上困難的我們自然是當局者，「當局者迷」，就不容易找到困難的原因，也一定找不到解決的方法。不過，因始終是當局者，即使盡量的客觀，也

會有主觀的成分。

4 與朋友分享

中國人也說:「一人計短,二人計長,三人做事好商量。」意思是指找朋友分享,因朋友肯定是旁觀者,或許會給予合適的意見,能助你渡過困難。

5 相信總有出路

當朋友也幫不了忙,也千萬不要灰心,因為「山窮水盡疑無路,柳暗花明又一村。」只要信靠上帝,總會有出路。

正面去面對困難,或許是讓自己成長的方法之一。孟子曰:「天將降大任於斯人也,必先苦其心志,勞其筋骨,餓其體膚,空乏其身,行拂亂其所為,所以動心忍性,增益其所不能。」不就是這個道理嗎?所以,**不要因面對困難而自暴自棄,要常存盼望,一定可以得勝有餘。**

學習謙卑的五個提醒

謙卑是其中一個很難學的功課，我曾聽一位前輩說：「我的驕傲就是我的謙卑。」這句話真的很有意思，到底這位前輩「驕傲」抑或是「謙卑」？不過，有一點肯定就是真正的謙卑不是由自己說，而是別人給予的評價。當然，無論謙卑的功課多難學，不等於不需要學，《聖經》說：「保守你的心，勝過保守一切。」**謙卑的功課是從「心」開始**，有以下五方面提醒：

1 肯定一山還有一山高

這是很有智慧的提醒。我記得有一次與朋友爬山，以為爬到頂就是盡頭，沒想到同一座山看到的頂還不是盡頭。就好比在每個階段，或許你以為已經達到最高峰，從而沾沾自喜，就很容易驕傲。

2 肯定自己的不足

在這個 Me Generation，個人主義很強，總覺得自己的意見和能力已經夠強，所以看不起別人。要學習謙卑，就是要看到別人比自己強的地方，相對的是看到自己的不足。

3 肯定不進則退

中國人說：「學如逆水行舟，不進則退。」這是很真實的情況。基本上沒有進步就等於退步，因為四周的人極可能在進步。就等於過去號稱「亞洲四小龍」中的香港，若因種種的原因沒有進步，就會被其他的城市追上。

4 肯定妒忌帶來失控

妒忌就是感到為何「人有」我「沒有」？若讓妒忌到了極點，就很容易失去理性。我們該如何處理？重要是要懂得滿足。不是人有就一定我有，而是要滿足自己已經有的一切，即是要懂得「感恩」。

5 肯定為別人的成功而喜樂

「與喜樂的人一同喜樂」好像很容易，要實踐就要看那人是誰。若是自己的兒女絕對是沒有問題，若是同輩卻不一定！當一個人真的能與同輩一同喜樂，就是真正的謙卑。

當然，**謙卑是一生學習的功課**，或許有時做得到，有時卻做不到。我們只能謙卑地求主幫助。

學習喜樂的

五個功課

聯合國發表〈全球快樂指數〉，二〇一七年最快樂國家是挪威，香港排名第七十一位，從指數看香港人並不算快樂。不過，要計算「快樂」指數，一定受外在因素影響，包括每人平均生產總值（GDP）、社會支援、平均壽命、人生抉擇自由、慷慨程度及社會貪污等方面作評分。很明顯，人是否快樂一定受外在環境所影響。但是，「快樂」與「喜樂」是有很大的分別，「快樂」可以說是從自我出發，每個人面對同一個環境極可能有不同的情緒反應。「喜樂」就不一樣，**「喜樂」是內心的改變，是穩定的、永恆的，無論順境或逆境都不會有所影響**。對有基督信仰的人來說，因為信仰改變了人的內心，以致環境因素已經不是最重要。所以，怎樣享受「喜樂」的人生？有以下五個功課可以學習：

1 不要比較

中國人說：「人比人，比死人。」人很容易會埋怨說：「為何天那麼不公平，我不能成為富二代？」比較的情況下一定會帶來不公平，這個世界若只從自己的眼睛看四周，一定會看到很多不公平的情況。想一想，心中被不公平所填滿，根本看不到世界的美，怎能「喜樂」呢？

2 活在當下

好久以前的一部電影《暴雨驕陽》中，有一句名句：「Seize the day」，直譯是「抓住這一天」，也可以說「把握今天」。對我來說，這名句並不是「今朝有酒今朝醉」的含義，而是盡上本份，做好手中的工作，就會「喜樂」。

3 不望回報

這個世界很多時是付上努力也不一定得到自己想要的回報。這看起來很殘酷。不過，要知道若不努力，就一定得不到任何的回報。只是，當不以回報為目的，只管努力工作，就不會受回報的多少而影響心情，就自然會「喜樂」。

4 凡事感恩

任何事情都以感恩的心去接受絕對不容易，只是人生絕不可能事事如意。但是，當我們以感恩的心去面對任何事情，心情反而會定下來，就可能找到方法去解決困難。就算面對順境，抱有感恩的心看到自己能有這樣的結果，就會懂得欣賞身邊的人，人際關係就會更好。感恩的人，一定心中會有「喜樂」。

5 明天更好

假若人根本不可能知道明天會如何，那麼我們唱《明天會更好》時又有什麼作用？難道單純只是鼓勵性質嗎？其實，若要得到「明天會更好」的結果，就不能逃避今天的責任。最終，無論結果如何，只能完全接受。再說，「好」與「不好」也會因人而異。**若眼中只看「不好」，就不能看到**

「好」所帶來的「喜樂」。

　　人生一定不會事事如意，因為人一定有自己的要求，很多時候結果一定不如己意。只是「喜樂」不會因環境而改變。不如從今天開始，改變對人的祝福，從「快樂」轉為「喜樂」，你的人生一定會更「喜樂」。

「喜樂」是內心的改變，
是穩定的、永恒的，
無論順境或逆境都不會有所影響。

平復情緒的

五 個秘訣

人一定會有情緒，若不能嘗試去平復它，有時候會引致很嚴重的後果。我相信以下五個秘訣可以幫你舒緩高低跌宕的情緒：

1 馬上離開

一般來說，影響人的情緒不外是人和環境，這兩方面也相互影響。所以，當人或環境為你帶來不好的情緒時，就先離開一下，才可以有時間平復自己的心情。

2 想「開心」事

這可能會給人認為是「阿Q精神」，不過，人生一定有開心事，當一時情緒波動，想一想開心的事也會有所幫助。

3 寧可吃虧

有時情緒的出現是因為覺得現況不公平，**公平與不公平很多時候真的因人而異**，也可能在不同的角度會有不同的結論。不過，若可能的情況下，吃虧一點點，換回來的結果可能會更好。如中國人說：「退一步海闊天空。」

4 享受一下

懂得享受人生真的可以使情緒起伏的情況減少。其實，能有平衡的生活，一定會有所幫助。工作太忙，情緒一定會被影響。所以，「**工作有時，享受有時。**」

5 要向前看

我記得學會「騎單車」的方法之一，就是初學者開始騎的時候，眼睛要向遠方望。就是說，若總是看腳下，怕自己會摔車，就會搖來搖去，學不會。我們要珍惜今天，卻不要被今天的成敗影響情緒。因為要相信「明天會更好」。

人人都會有情緒，我不贊成「壓抑」，反而贊成「面對」。嘗試以上的五個秘訣，或許可以幫到大家平復心情。若家人都有健康的情緒，就如中國人說的「家和萬事興」，大家一定可以和平共處。

比較的

五 個危機

「人比人，比死人」，這是很有智慧的一句話。只是在人際關係中卻絕對不可能沒有比較。為何他能，我不能？為何他有，我沒有？我認為這句中的「死」不是指肉身，而是心靈。所以，要健康成長，就要避免比較，因為有以下五個危機：

1 妒忌

比較帶來第一個反應就是妒忌。這是很自然的反應，特別自以為優越卻懷才不遇就更甚，心中一定會有很多的埋怨不甘。

2 疏離

若比較的對象是朋友或是夫妻，就會出現疏離的現象。假如是夫妻，不去處理疏離的狀況，有可能會出現更嚴重的後果。

3 仇恨

為何是你，不是我？這種思想會演變為比較極端的一種心態，就是仇恨。當心中出現仇恨，在行為上不自覺也會有所改變。

4 自憐

另一個會出現的情況就是自憐，會認為：「我一生就是這樣，不會改變的。」這是另一種需要改變的心態。

5 憂鬱

以上的心態最終都會帶來一種心理病，就是不同程度的憂鬱。

有說香港約有百分之四十的人可能有不同程度的憂鬱病，這是比較誇張了一點。**只要能學習滿足，或許就能變得更健康。**

減少先入為主的  五 個元素

　　人很容易先入為主，**先入為主很容易會界定了對人的觀感，觀感當然有好有壞，卻絕對有可能是不準確**。我相信以下五個元素可以為你減少先入為主的習慣：

1 停一停
　　面對要決定一個人是怎樣的人時，要先停一停，不要馬上下定論。

2 靜一靜
　　面對要決定一個人是怎樣的人時，要先靜一靜，先安靜自己。

3 想一想
　　面對要決定一個人是怎樣的人時，要先想一想，從多方面觀察和思考。

4 聽一聽
　　面對要決定一個人是怎樣的人時，要先聽一聽別人對這人的意見。

5 算一算

面對要決定一個人是怎樣的人時，要先算一算，認識對方多久，才下最後的評價。

要完全避免先入為主似乎並不容易。不過，當一個人能先謹慎思考，就一定可以減少這種情況出現。

**面對要決定一個人是怎樣的人時，
要先停一停，
不要馬上下定論。**

建立健康友情的五個秘訣

　　有一些朋友很容易被人所傷害，特別是對別人付出了關心，換回來卻是不瞅不睬，這真的是不容易接受。中國人會說：「施恩莫望報，望報莫施恩。」只是，人心始終想得到適量的回報。問題是與朋友相處不是需要真誠和感情嗎？若真的付出也就有可能面對傷害。那如何建立健康的友情？我覺得可以思考以下五個秘訣：

1 保持界限

　　中國人說：「在家靠父母，出外靠朋友。」只是朋友之間的感情正常來說始終不及家人。朋友之間保持適當的距離是有必要，特別是「異性」的友誼。同時，**必須更有智慧地與不同關係程度的朋友相處。**

2 懂說好話

　　所謂「好」話，就是在適當環境、時間、關係下說合宜的話。所以，必須要衡量大家的關係，以愛心來說誠實話。

3 有進有退

　　懂得進退也很重要，有時退一步，更能增進感情。因為，退一步更能看清自己與對方，就更知道如何相處，友情

反而更穩固。

 平等相對

　　真正的友情一定是雙方都要付出。當然，不能說付出要完全相等，卻一定要盡量平等，就是**朋友間不能只有一方付出，另一方就全然接受**。這只是一種依賴的關係，不是一種友情。

5 不要猜疑

　　有時候朋友也會有情緒，我們偶爾會感到對方有一種疏離感，不要猜疑是否感情不在，反而在適當時間去了解，就更能明白對方。

　　我不一定贊同「君子之交淡如水」的觀念，不過，這卻也值得思考，因為很多從朋友之間所帶來的傷害，就是因為一方全情投入而產生。讓我們學習上面的五點，建立健康的友情。

建立真正友誼的

五個基本元素

這幾天靈修看到《撒母耳記》，特別被大衛與約拿單那一份友情所吸引，約拿單身為與大衛為敵的掃羅的兒子，兩人卻可以彼此立約，一生成為好朋友，我仔細的看，這並不是舊約時代才可以實踐，現今世代的複雜程度與掃羅時代並沒有多大分別。從他們的關係可以看到有五個元素：

1 欣賞

朋友需要在彼此欣賞下成長。很明顯，大衛戰勝歌利亞後，他來到掃羅前，約拿單並不像他父親，他愛大衛如同自己的性命。他多次對父親說大衛並沒有犯錯，也沒有對父親不利，為何要追殺大衛？大衛也欣賞約拿單「幫理不幫親」的心。

2 幫助

約拿單與大衛立約，多次幫助大衛，以能保存大衛的生命。大衛也信任約拿單而配合。

3 信任

信任需要建立。很多時候，我們都會說不可能一見面就有信任，只是總會需要有第一次的相信，否則怎樣能建立信

任？當然，也不能不小心，有時候受到傷害也是在所難免。我相信約拿單與大衛能彼此信任也不是一朝一夕的事。

 提醒

提醒可以有幾方面，包括：忠言、逃避危機、責備等。在約拿單與大衛的關係上主要是「逃避危機」。約拿單多次提醒大衛，大衛也在適當時間回應。

5 同心

約拿單與大衛多次結盟，這是嚴肅的事，也表示他們倆願意同心，不分彼此的面對未來。這絕對不是簡單的事。

要有這樣的友誼並不是不可能，只是**很多時需要由一方先開始**。我相信約拿單是先開始的一方，因《聖經》說：「約拿單愛大衛，如同愛自己的性命。」

成為知心朋友的

五個階段

朋友可以分很多類，當然要成為知心友並不容易。這並不是沒有可能，讓我們思考能成為知心友的五個階段：

1 相識

要成為朋友必須先認識。我們從小到大一定認識很多朋友，包括「同學」、「至親」、「街坊」等，這些天天見面打招呼的左鄰右里，已經可以説是「朋友」。

2 相聚

相識後一定會遇上一些志趣相投的朋友，有共同興趣的就會走在一起。例如行山、運動、打麻將等。藉着群體的活動，可以從另一個角度認識朋友。

3 相約

興趣相同，不等於可以成為知心友，因為要成為知心友需要個性和某些背景上類近，找到後就會相約。我界定「相約」就是頂多三五知己，不只有共同興趣，更可以開始詳談一些天下大事。

4 相談

三五好友能相約已經不錯，進入「相談」就是更進一步分享心中某些想法，要打開心中的秘密並不容易。

5 相交

真正的知心朋友，我稱之為「相交」，就是彼此之間能完全的接納，包括缺點。不過，在過程中有時候可能因指出缺點而傷害了對方，因為知心朋友需要坦誠相對，而人的期望始終不完全一樣。

友情的建立不是一朝一夕可達至，所以，「君子之交淡如水」的智慧就是減少傷害。不過，我個人認為**不要因為怕傷害，就逃避建立知心朋友的關係**。

真正的知心朋友，我稱之爲「相交」，
就是彼此之間能完全的接納，
包括缺點。

成為稱職指導者的

五個條件

　　幾年前有機會閱讀一本書，書名是《月光下的十字架》。內容是一位年輕牧者與一位年老牧者的對話。這本書給予我很深的啟發，特別是成為一位稱職指導者（Mentor）的五個條件：

1 生命影響生命的榜樣

　　常常會聽到人說：「講就天下無敵，做就有心無力。」成為指導者，重要的不是教導，而是**身體力行**。當然，我不是說要完美，因為人絕不會是完美，這生命影響生命的基本就是活出真誠。

2 給予獨立思考的空間

　　指導者最容易犯下一個毛病，就是認為自己的經驗可以套在任何人的身上！我不否定有這可能，只是要知道每個人個性不同，時代不同，過去的成功不一定可以照抄。反而是要啟發對方的思想，找到新的方向。

3 發掘對方的潛能

　　每一個人的能力不一樣，對信徒來說，恩賜也不一樣。指導者最重要是發掘對方的潛能和恩賜，使其能按潛能和恩

賜做到最好。

4 一代要精彩過一代

傳統的觀念是「一代不如一代」，有這樣的觀念就是因為上一代人經過長時期的工作，累積經驗，對剛出道的下一代就很容易看不順眼，於是產生「一代不如一代」的說法。這是對下一代的詛咒，所以我們要改變這樣的思維說：「一代要精彩過一代。」

5 跳出傳統空間的思維

指導者要學習「跳出」自己的思維，嘗試以新的角度來思考同一件事。這是最不容易卻是最重要，因為這需要廣闊的心胸，要接受下一代會比我們這一代更成功！

我們很容易羨慕成功人士。正如中國人說：「行行出狀元」，狀元只有一位，但是，仍然會有更多不一定是狀元卻很能幹的人。為何因只有一位的狀元而否定他人？**指導者的責任就是讓每一個人都能向正確方向全然發揮，盡力而為，最終取得成功。**

工作應有的

五個心

上世紀五十年代出生的我，常常被父母親努力工作的態度、他們逃難的艱苦經歷所影響，所以我從小已經定下目標，就是要努力工作。從六十年代蕭芳芳和陳寶珠，至九十年代許冠傑的香港電影中，都給予大眾一個觀點，就是在任何環境下，都必須努力工作。九十年代許冠傑的《腐朽化神奇》，歌詞中提到：「切勿忘記前路每多生機，只要立心爭氣，你會向高處飛。人生難免多傷悲，何必呼天搶地，人生猶如做緊戲，NG 咗 Take Two 嚟過，就腐朽化神奇。」歌詞都叫人不要那麼容易放棄。不過，時代不斷改變，七十年代後，香港的經濟不斷高升，只要努力，成功的機會就很高。但是，踏進二十一世紀，世界的改變已經不是一般人所能預料，甚至有聽說：「獅子山下的精神只是財團用來欺騙下一代，為了維持廉價勞工而已。」年輕人常說：「就算努力也永遠沒有可能買房子。」所以常聽說：「年輕人已失卻上一代那一份努力和堅持。」我個人並不認同，仍然相信下一代可以更出色。不過，時代怎樣改變，要成功，不能失去以下五個心，就是：

1 忠心

這或許是這個世代最不容易講，卻很重要的「心」。當然，似乎長期在同一家公司工作已經沒有那麼普遍。不過，我強調的忠心不一定是一生都要在同一家公司，而是要**忠於自己的目標**。因為我相信「行行出狀元」，職業無分貴賤，只要忠於自己。

2 甘心

工作中一定會面對挑戰，面對困難時不要馬上怨天尤人，然後放棄一切。要知道人生不會事事順利。當願意甘心接受，反而可以冷靜思考，想出方法，衝破困難，走向成功。

3 柔心

所謂柔心就是「溫柔的心」。工作遇上吃虧的時候，要以「柔心」面對，就是不要立即作出反應，**偶爾吃虧也是一種成長的操練**。雖然中國人說：「不聽老人言，吃虧在眼前。」這正正是老人家吃過很多的虧後才可以給予意見，使接受意見的人減少吃虧的機會，只是不同的年代情況一定會有所不同，重要的是不要逃避，而是從中學習。

4 耐心

成功一定不可能是一朝一夕的事，就好像「龜兔賽跑」，不到終點也不知「鹿死誰手」。

5 愛心

職場絕不是戰場那樣「不是你死就是我亡」的。就如當日出現「聯合國」組織，正正是要減少戰爭。雖然，利益當前，國家代表一定以自己國家利益優先，只是大家都相信，戰爭帶來的結果不只是輸贏，而是大家都不想見到的死傷，只要有多一點愛心，問題就容易解決。在工作的環境上不也是一樣嗎？若能付出愛心，讓工作環境改變，或許每個人都願意多行一步，生意更會興隆。

當然，我知道這可能是太理想。不過，理想不一定不能實踐，很多成功的個案都是因有理想，就夢想成真。

當願意甘心接受，
反而可以冷靜思考，
想出方法，衝破困難，走向成功。

心靈十訣

讓生命得着灌溉

十 式

1 首先,要**看見心靈的枯乾**,生活在周而復始的原地踏步。

2 如果心中有懸而未決的問題,就去找一本**相關的書**讀讀。

3 最好碰上有過同類經歷的前行者,**不恥下問**。

4 忙不是問題,但在忙碌中要**抽空反思**,凡事要有優先定序。

5 無論多忙,都要**親親大自然**,心遼闊了,看事物的角度也不一樣。

6 當然,看到身邊那些失事的「前車」,要多省察,**引以為鑒**。

7 讓身邊總有一兩位**說誠實與造就話的智者**,帶來滋潤與提醒。

8 透過聽了、讀了得到的教訓，要在生活中**點滴實踐**，才能體會其實在。

9 每天早上，定一段時間**讀經禱告**，親近上主，乃灌溉生命的主軸。

10 如果我們得着灌溉，就**踏前一步**，成為身邊人的祝福與同行者吧。

有關快樂和喜樂的
 十 個反思

1 想要的得着，帶來的是**短暫的快樂**，不是喜樂。

2 **不勞而獲**的快樂，消失得更快。

3 別以為**擁有**就是快樂，到擁有了就會想要更多。

4 總以為遠離逆境痛苦就接近**快樂光明**，卻讓我們更接近沉溺幽暗。

5 「只要我快樂，有什麼不可以做？」這是一句**謊言**。

6 經歷與神同在的喜樂才是我們一**生所追求**的。

7 付出**流淚撒種**的辛勞，才有**歡呼收割**的喜樂。

8 知道自己是誰，深信我們是**蒙神愛，被救贖**的就是喜樂。

9 內心真正的喜樂，是能**超越逆境**的痛苦。

10 每天起來，求主讓**祂的平安、喜樂**滋潤我心，就足夠。否則所做的都只是表面的浮誇。

每天醒來幫自己打氣的

十 句話

1. 這是新的一天，一切就有**新的可能**。

2. 告別昨天沮喪的自己，今天會**不一樣**的。

3. 昨天的**擔憂懼怕**如夢，並非今天的預告。

4. 作繭自縛跟**破繭而出**之間，要選擇後者。

5. 放手不代表放棄，而是還我**自由**的一個指定動作。

6. 漫無目標的日子過夠了，要起來尋找自己**熱誠**投放之所在。

7. 事情不可能一下子改變，但可以**每天來點小改變**。

8. 揉揉眼睛，**看看前路**，並非茫茫啊！

9. 用**心存感激**的心看今天，會看到更多恩典。

10. 求主讓我們用祂的眼光看世事人情，必得着**智慧亮光**。

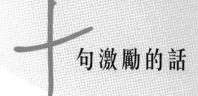

十句激勵的話

1 看見你的努力，深信必有**回報**！

2 我一直都**欣賞**你的，知道嗎？

3 任何困難，只要**咬緊牙關**，總會過去。

4 你的委屈，**上主明白**，我也知道！

5 無論發生任何事，**我都撐你**！

6 我為你感到**驕傲**！ I am proud of you!

7 **試試吧**！我知道你做得到！

8 **盡力**就好，別太難為自己！

9 雖然不能完全明白你的處境，但我會**默默為你禱告**。

10 **主開的門**，是沒有人能關的！

十 種力量

1 **堅持**的力量，可以讓人看見夢想成真。

2 **忍耐**的力量，可以讓人看得更清，想得更透徹。

3 **溫柔**的力量，可以讓人面對強勢而不畏懼。

4 **沉默**的力量，可以讓人聽到那說不出口的話，其實最有分量。

5 **謙卑**的力量，可以讓人退一步仍穩住腳步，看見前景。

6 **關懷**的力量，可以讓人在孤單中感到溫暖。

7 **信心**的力量，可以將不可能的變為可能。

8 **等待**的力量，可以呼喚遠去的人歸來。

9 **寬容**的力量，可以讓人心靈鬆綁，放下心頭大石。

10 **禱告**的力量，可以讓人心改變，家庭轉化，一切更新。

勇敢 十 想

1　勇敢不是明知危險卻偏要闖，那是**莽撞**。

2　勇敢是**認清**這是該做的事，該負的責任，就咬緊牙關去做。

3　勇敢是別人強迫不來的，那是**個人的抉擇**。

4　勇敢是要透過**歲月累積**的，不是時時刻刻都可以。那種所謂「隨事隨在的勇敢」，很可能是「自以為是的冥頑」而已。

5　即使費盡**洪荒之力**才能拿出那點點勇氣，也要拿！

6　**保持鎮定**會發覺在那個自以為脆弱的心靈裏，仍有餘勇。

7　勇敢，通常在**孤獨反思**、**衡量代價**中萌生。

8　勇敢是感受恐懼後，仍有一種**豁出去的堅持**。

9　勇敢是近看面前一片黑暗，仍相信**前路有光**。

10　在上主信望愛的懷抱下，會讓我們看見**智慧與勇氣並存**的真實與可貴。

要培養的

十個好習慣

1 斬釘截鐵
是就説是，不是就説不是。**不拐彎，不裝假。**

2 討主喜悅
做人要**心安理得**，問心無愧之餘，更重要的是問自己：
「這樣做是討主的還是討人的情面喜悅？」

3 當機立斷
機會只有一次，走了就走了。但做了決定就做了，不要
後悔啊！

4 虛懷若谷
身邊出現的每一個人，都有我們可以學的功課。**虛心學
習**，肯定學到的更多。

5 擇善固執
最重要搞清楚這是**真的善**，還是假冒為善的善。

6 **通情達理**

給別人多一次機會，因為我們常這樣對自己。這是同理心，也是**愛人如己**的體現。

7 **三思後言**

想一想，等一等，又想一想，等一等，再想想，等等。這樣回應才是想得**清楚透徹**，坐懷不亂，不會被情緒牽着走。

8 **戒慎恐懼**

滿以為知道怎樣計算的，其實不知道。所以要**警惕謹慎**，如履薄冰。

9 **心口如一**

這樣為人處事，才是**光明正大**，自敬自重。

10 **跟隨主道**

主的路最**美善美好**，緊緊跟隨總沒錯。

要改掉的

十 個壞習慣

1 拖泥帶水

明明說要放下卻捨不得,讓我們的人生行李超重,所以**愈走愈累**。

2 左右逢源

忙着討好這個,奉迎那個,怎知到頭來卻發覺 **it is hard to please everybody**,更忘記了討上帝的喜悅。

3 舉棋不定

思前想後本是考慮周詳,但常處於這種狀態可能是「**不知道自己想要什麼**」的預警。而有更多時候,人家就會先下手為強。當然,有些事是急不來的,但有些事我們卻一直在拖延不決,是哪些事?咱們心中最清楚。

4 目中無人

不把別人放在眼內的後果,是**別人也不把咱們放在眼內**。

5 執迷不悟

就是不理身邊關心自己的人的勸告,仍一頭栽進去的**盲目衝動**,讓周圍的人擔心。

6 吹毛求疵

專愛從別人的雞蛋裏挑骨頭，不懂得欣賞、感激別人的努力，可能對自己也是如此。那是**何苦來哉**的人生啊！

7 口直心快

想也不想就回應，這不是反應快，而是衝動。容易說漏了嘴，更易得罪別人，還是學習「**快快地聽、慢慢地講**」吧！

8 得意忘形

滿以為一朝得志就語無倫次，這可是上主給我們的**考驗**。能處卑下不代表我們懂得處高上，在高處最容易犯的錯是高興得手舞足蹈沒看清楚台階就摔了跤，而從高處跌下可會傷得更重的啊！

9 心口不一

嘴巴這樣說，心卻不同步，我們的腿更是很誠實的。這樣**戴着面具**來活的人生，很不痛快呢！

10 偏行己路

我們都如羊走迷路，且是**偏行己路**。想做的卻做不成，不願意做的卻偏去做。主啊，求祢拯救！

有關自愛的

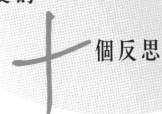

十個反思

1 自愛不是自私，是**學習愛人的基本功**。

2 學懂了跟自己相處，就會發現**真正的自己**。

3 了解自我的優缺長短，並老實**承認接納**，就是自愛的開端。

4 如果不接納這個**不堪的自我**，戴上面具，表裏不一，受罪的可能是周圍跟我們相處的人。因為我們那「猜不透」的表達方式（如笑裏其實藏刀），讓人家摸不着頭腦，也不懂如何反應。

5 若我們經常自怨自艾，就要懂得**抓住自愛的繩子**，走出自貶的深淵。

6 在尋求自愛的路上，最要緊的是認清哪些是**真正的同路人**，哪些是路人甲。同路人是不需要多見面也願意扶你一把，路人甲只是湊過頭來看熱鬧指指點點。

7 自愛的功課之一，就是給自己**喘息的空間**。旁人可能不理解，但自己知自己事。

8 自愛不是任憑自己愛做什麼就做什麼，而是懂得**回頭反省**，不再陷入那些屢屢讓自己碰壁碰釘子的漩渦之中。

9 自愛讓我們懂得在那些「**即使怎樣努力也無法改變**」的事上止步。

10 一定要記住，無論我們怎樣窩囊犯錯，天上的父仍然**等待接受我們的心回歸**。

有關自律的

十個小建議

1 約束自己：沒有人天生願意，是需要**鍛煉被迫**。

2 自我要求：征服個人欲望，**克制衝動**。

3 延遲滿足：**不貪圖**即時的滿足快樂。

4 貫徹始終：不會三分鐘熱度，**拒絕半途而廢**。

5 四個層次：不想做而**該做** / **放棄**自己喜愛 / 定下目標**實踐** / 明知**困難**仍做。

6 四個範疇：守**家規**，承擔**家務**，管理**金錢**，善用**時間**。

7 五常實踐：常**組織**、常**整頓**、常**清潔**、常**規範**及常**自律**。

8 學習平衡：凡事不可去得太盡，走向極端。認清事實，不要單憑感覺；放下身段，**離開自我中心**，不斷自我調整。

9 熟習慢活：慢慢呼吸慢慢行動、**慢慢生活**慢慢回應。

10 敬虔節制：**熟讀主話**，操練敬虔。

有關反省

十 思

1 每天留一段時間反省，是必須培養的**好習慣**。

2 但時刻都在反省，容易變成胡思亂想，把憂慮放大，**鑽牛角尖**了。

3 反省是一個檢視的動作，讓我們在**得失之中得着智慧**。

4 縱使過往所做的未能盡如人意，甚至稍有差池，但也是**一個學習的機會**。

5 過去的，不必要全盤否定，只需要從中**汲取教訓**。

6 未雨綢繆跟杞人憂天，很多時只是**一線之差**。

7 **衡量**對哪些日子該留白，哪些事該下決定，哪些人該放手，是需要的。

8 若要**活得灑脫**，就在反省中做些**了斷**，別讓自己活得拖泥帶水。

衡量對哪些日子該留白，
哪些事該下決定，
哪些人該放手，是需要的。

9 若發覺處於膠着狀態，記得**保持平衡**，謹慎走每一步。

10 無論怎樣，都要帶着「**忘記背後，努力面前**」的豁達，
重新開始。

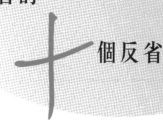

有關反省的

十 個反省

1 反省，就是真實的**面對當下的處境**，面對自己。

2 想想眼前的問題，除了是別人造成，**自己也要負上什麼責任？**

3 反省就是內心在問「為什麼」，一種對自己跟事情**追根究底**的態度。

4 如果我們的反省總是建基於處境或別人的改變，就應該**換個角度**。

5 換個角度想，就是問自己：「走到今天這個地步，**難道都是別人的錯嗎？**」

6 反省，就是嘗試**站在旁觀者的角度**，對自我來個全盤大檢討。

7 為別人反省、挑他人的錯很容易，卻會讓我們落入**抱怨不忿**的深淵。

8 如果每天都在替人家反省，就是拿別人的錯誤來**懲罰自己**。

9 真正聰明的人，最需要擁有的，就是「**自知之明**」。

10 真正的自省就是**將心向主敞開**，讓聖靈及神的話提點、嘆息、督責，讓我們不致走歪。

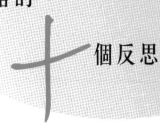

有關自信的 十 個反思

1. 覺得自己什麼都懂，什麼都做得**比別人出色**，那不叫自信。

2. 有些時候，自信是**硬着頭皮**逼出來的。如因為環境逼成，像在群體中你可能是僅有的接觸過某種新技能的人，於是責任便交了下來，不得不學。

3. 自信的人不是沒有缺點，更非什麼都懂，但是願意**改進學習**。

4. 當內心的懼怕一直擴大，被旁人的話指控我們「糟糕」時，請告訴自己：「**我們其實沒你說的糟。**」

5. 「怕犯錯」是讓人不思進取的大忌，建立自信就是讓自己**在錯誤中改進**。

6. **挑戰自己**，一天踏出一小步，就是建立自信的小實踐。

7. **敢於嘗試接觸新事物**，是建立自信的基本步。

8 **自信**與**自卑**常在心交戰，重要的是我們想站在哪一方。

9 **成功**與**挫敗**的經驗都是建立自信所必須的，缺一不可。

10 我們相信，靠着耶穌，可以**重新站立**。

有些時候，
自信是硬着頭皮逼出來的。

踢走自卑的

十 個小提醒

1 拒絕：拒絕迴避，因為視而不見，聽而不聞已**不奏效**。

2 辨別：回想一下，是哪些時地人話將我們的**自尊**擊倒的。

3 承認：承認自己的**脆弱**，面對處境的困窘。

4 面對：唯有**面對**，才使我們變得更**剛強**。

5 揪出：要揪出自卑的元兇，就是「**比較**」。

6 滾開：揭穿自卑的面具，狠狠跟它說：**滾開！**

7 中庸：自卑讓我們在兩極化的思緒中爭鬥，要拿捏**中庸**。

8 眼光：培養一種**嶄新的眼光**看待過去，觀照自我。

9 打氣：儲存一些為自己**打氣的話**，鼓勵自己。

10 主權：認定生命的主權及評價自我的話事權**最終在祂手**！

有關珍惜要學習的

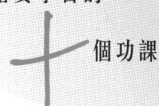

十個功課

1 珍惜，就是那些常常**記掛在心**的人。

2 把自己看重的人排排**優先次序**，看看付出給他們的時間是否與此成比例。

3 只是要分清，「**珍惜**」與「**操控**」是完全兩回事。

4 珍惜一個人，若出於**無私的愛**，他早晚會明白。

5 珍惜，可以沒有原因，甚至帶點**莫名其妙**。

6 別把人家對自己的珍惜視為理所當然，要**心存感激**。

7 對那些**心無城府**，卻又**義無反顧**護着我們的人，要珍惜。

8 對那些愛說**誠實話**，又**不怕我們生氣**的人，更要珍惜。

9 但對那些不懂珍惜的人，要**好自為之**，免得善意被糟蹋。

10 失去了才學懂珍惜，雖然那對象不在，但我們可以將這份珍惜**延伸至身邊人**。如失去了母親後，懂得對身邊人的母親表達善意關懷。

73

面對際遇

十訣

1 際遇不由得我，但**面對際遇的態度**，我們可以選擇。

2 覺得命運不可逆轉，認了；還是相信**柳暗花明又一村**，可變？

3 別老羨慕人家遇上伯樂，想想自己是否因**自卑自貶**而趕走了他們？

4 扶搖直上的日子，滿以為這一切都是**單靠個人努力**，這是最危險的想法。

5 壞的際遇如一手怎打也輸的壞牌，但重要的是它扭轉了我們**對輸贏的看法**。

6 好的際遇像一道隨腳可攀的階梯，但小心那**隨時摔下來的危機**。

7 空等際遇，不如每天**用心做好身邊事**。

8 際遇總有**高低起伏**,人生才見精彩。否則,太平平無奇了。

9 請留意:窮途旁邊,總有幾條**前人走過的小徑**。

10 我們最需要的,是面對際遇的**平常心**,與從主而來的智慧來面對辨識。

際遇不由得我,
但面對際遇的態度,
我們可以選擇。

學習抽離的

十 個反思

1　抽離並非不負責任，而是承認自己**當局者迷**，需要抽身一下。

2　當局者迷的意思是繞着**自己的觀點**在轉，聽不進別人的意見。

3　抽離可以是身體的，換一個環境，**讓心思靜下**。

4　靜下來時，試試**換位思考**。

5　事情揭露了別人底牌之餘，也透露了自己的什麼**思想障礙**？

6　舉起指頭說不對時，**自己是否犯同樣的錯？**

7　這是我想擁有的生活態度嗎？還是受人**推使擺佈**？

8　千萬別忘了點數**自己擁有的資源**，來個狠狠的取捨或者截長補短。

9　更別忘記過去上主的帶領，特別是那些**出人意表**的安排。

10　學懂了抽離，原來是為了更懂得如何**投入**啊！

情緒十訣

讓我們好過一點的

十 個提醒

1　別人的忙，不是個個都得幫。就算能幫，也得看看自己的**能力**和**時間**。

2　答應了別人的事情，一定要做，所以請**別隨便答應**。

3　那些「**不把我們當一回事**」的人，不會因為我們多些討好而改變心態。

4　對我們**突然生氣**的人，一定有個原因，但不一定要「入我們的數」。

5　不錯，別人有他的臉色和脾氣，但別忘了，我們有我們可以選擇的**應對心態**。

6　**平淡的生活**，才能讓人感受當下的每一刻，如一杯茶的溫暖，一句問候的關懷。

7　**留些空白給自己**，不是自私，而是必須。

8　**做不了決定**的時候，別被逼着去做。

9 那些孤單無人明白的日子，是讓**心靈堅韌**的前奏。

10 人生的包袱，到了時候就要**清理**。無論捨得或捨不得，
都得**扔掉**。

平淡的生活，
才能讓人感受當下的每一刻。

卡住消極

十想

1　消極裏總有一個「不」字的利器（不行、不好、不是），衝着否定我們而來。

2　當消極情緒走到極致就是：一切改變都沒可能，就讓它說說，**我們別信就是**。

3　有時，消極可是預告**艱苦挫敗**的化身。

4　對過分樂觀的人來說消極處可是根**救命的繩子**，好有兩手準備。

5　跟消極共舞，可以；但小心皺得眉多，嘴巴說得「非」多，**人也會變形**。

6　消極的人最容易看走了眼的是：**機會**。

7　人可以消極，但讓自己消極下去，卻是**另一回事**。

8　消極的盡頭是個**死胡同**，若覺得自己快到，找個同路人指點**回頭路**。

9 對某些人來說，消極是頭可愛的怪獸，先擁抱之，看見光時再**狠狠把牠甩掉**。

10 主啊，讓我們在倚靠祢之中能**笑對消極**，看見嶄新的未來。

遠離憂慮

十想

1 別以為事情不如所望就一定變得很糟，**出人意表的結局**
卻常有。

2 為人父母若過度擔心會窒礙我們看見孩子的**優點**，要小心！

3 **安於現狀**，靜觀其變，憂慮就會悄悄離開。

4 憂慮**源於愛，止於信**。

5 礙於經驗，我們總覺得「**沒可能**」，其實是**謊言**。

6 別迷信以為「沒有了誰」就活不下去，那可能是**重生的
開始**。

7 就算憂慮的事情發生了，那又如何？總有**面對的辦法**！

8 憂慮是一個**選擇**，快樂也是。

9 放鬆去關懷，放膽付出愛，我們會驚嘆**以愛還愛**的滿足。

10 相信祂的意念與計劃比我們**高明**，還有什麼可憂慮的呢！

遠離不甘

十訣

1 明白更多的「不甘」，只會帶來更多**內心的鬥爭**。

2 別老說「別人有為何自己沒有」，要先問自己**是否努力過**。

3 外界對追求的說法，**只是說法而已**。

4 「不甘」的前奏叫「**彼此批評**」，小心！

5 **想要魚又要熊掌的心態**，最容易讓人陷入「不甘」。

6 最終接納**那是你的際遇**，不一定最適合我！

7 面對驕傲自信者的豪言聽過就算，**何必記掛在心**。

8 有否想過把「不甘」放在**禱告**，向主陳明。

9 請記住，生命只是一片雲霧，很多渴求都會**轉眼成煙**。

10 以**順服謙卑**為念的人，少被「不甘」捆綁。

面對自責的 十句反思

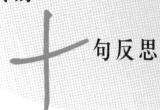

1 自責是承認自己也有錯，懂得**檢討**，本是好事。

2 人懂自責，是因為內心有一把尺，**衡量是非對錯**。

3 問題只是，這把尺來自何方，**是否無誤**。

4 但長久或過度的自責，卻是一種**有毒**的心靈控訴。

5 全盤否定過去，常懊悔沒有做的，**於事無補**。

6 最糟糕的想法，是覺得自己是個徹底的**失敗者**或**受害者**。

7 對於過去，要看得**合乎中道**。

8 你可能更要搞清楚的，是**對自己的看法**。

9 更重要的是**揮別老我**，坐言起行，不受過去牢籠。

10 遠離自責是一個**逐步的過程**，需要聖靈的安慰、提點和督促。

面對情緒垃圾的

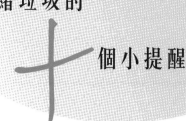
個小提醒

1 一旦承受壓力，內心就有種**按捺不住的沸騰**，這就代表了情緒垃圾在堆積。

2 最近動輒就對人**失去耐性**，甚至在最愛的人身上大發脾氣，就要檢視一下會否將自己的情緒垃圾亂倒。

3 情緒垃圾的面目多樣化，如沮喪、不安、憂慮、嫉妒等感受。總之，就是聚焦在**自己跟別人的「不是」**之上。

4 這些垃圾也是一些**心靈信號**，讓我們會探查自己出了什麼問題。

5 其實每天跟人互動，多少都會累積了一些情緒垃圾。只要記得**定時清清**就是了。

6 清理情緒垃圾的先決條件，是要心先**安靜**下來。

7 透過神的話，聖靈的督責，讓我們看見**思想的障礙**，被人的**矇騙**，自己不知的**盲點**等等。

8 如果別人把情緒垃圾傾倒在我們身上，可要懂得**退後閃避**，因為我們未必承受得住。

9 朋友處於情緒風暴中，最好等待他**冷靜下來**再談，別一頭栽進那風眼之中。

10 每早出門之前，**求主掌管**我們的心思意念，不要再被情緒主導掠奪，致失去方寸與方向。

清理情緒垃圾的先決條件，
是要心先安靜下來。

憤怒之後的

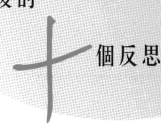十個反思

1 生氣的時候，以為看清楚真相，其實那只是一個**觸發點**。

2 烈怒時，**會過度怪責**自己或對方。

3 最火上加油的是，明知對方不會回答，卻**苦苦追問**。

4 有時候不回答不一定是隱瞞，可能是知錯後的**羞愧與無顏面對的沉默**。

5 那個惹我們大動肝火的人，一定是在我們**心中佔了重要位置**的那位，不是路人甲。

6 當我們把帳都算到別人頭上時，也要想想**自己是否也有虧欠**？

7 但也別把自己貶得太低，罵得太甚，那**只是在鑽牛角尖**。

8 憤怒過後的大動作，就是來個一刀兩斷。但問心一句：
你想嗎？

9 在欲退還迎，欲信還疑的掙扎之間，需要**通情達理的親
友陪伴**。就是那些不會一面倒幫你譭罵，能平心靜氣安
撫情緒，同心同行的人。

10 當憤怒將我們置諸無力之地時，學習求主安慰指教。短
短一句「**耶穌幫我**」、「**耶穌救我**」，發自心底的呼求，
主必傾聽。

保持鎮定

 小訣

1 遇上棘手的事情,先**停停想想**,再回應。

2 若是可以,最好能**離開現場**(人或思緒都需要離開一下)。

3 要知道:那些怨天尤人、慌亂失措,甚至歇斯底里的表現,都可能伴着而來。過去的經驗告訴我們,任憑這些情緒發作於事無補,那就要試試**另外的辦法**。

4 總想着盡快解決眼前事,卻又要接受事情是「**急不來**」的矛盾。這是人生常要面對,又學不會的操練。

5 真的是天塌下來?還是咱們看到的那小片天是「**坐在井裏看**」?

6 事情的緊迫與否,很多時候是受**內心的催迫影響**。總想事情有個了斷,總想問題有個答案,卻忘了那只是一種倉卒與不夠周詳的解決方案。

7 有時，**放下那些「諗埋一邊」的念頭**，出去跑跑走走，
呼吸一下新鮮的空氣。雖然未必即時想到答案，但會把
濃濃的焦慮淡化一下。

8 如果要找人商量，一定要找一個比自己**鎮定**與**有智慧**的
人。

9 我們以為看清的現況，只是眼前所見所聞，不是全貌。
所以凡事都有轉圜的空間，**絕處也可以逢生**。

10 在面對被害怕驚懼打倒的當下，要為我們的心求主賜下
無人能奪的平安。**心定，腳步才能穩**；心亂，一個不小
心就會失腳。

有關懼怕

十思

1　懼怕是**會擴散**的。從一點變成一線，再變成一個畫面。

2　懼怕最愛的把戲，就是叫人**把不好的事情想像成真的會發生一樣**。

3　每個人懼怕的東西都不一樣，但總要找出懼怕的**源頭**。

4　懼怕是個**不易解的結**，不去理會的話，結會愈打愈牢。

5　懼怕跟**失去**是雙生體的，而最怕失去的往往是最在乎的。

6　被懼怕淹沒的時候，需要快快找個**救生圈**。

7　又或找個**擅於泅水**的人陪我們面對驚濤駭浪。

8　但在緊要關頭，心中莫名的恐懼卻是一種**提醒**。

9 面對內心那把威嚇的聲音，需要的是**堅定的信念**，而不是以為沒事的逃避。

10 安靜下來的時候，有否聽到那微弱的呼喚：**唯有倚靠耶和華的必得安穩**（箴言 29:25）。

有關嫉妒

十想

1 **嫉妒源於比較**：總覺得為何是他不是我？為何她擁有的比我多⋯⋯

2 嫉妒的滋味起初是**酸溜溜**的，後來更變**苦澀**。

3 嫉妒是一種情緒，是對比自己優秀的人**心懷怨毒**。

4 通常，**樹大招風**是招惹嫉妒的禍端。

5 別以為嫉妒會讓人強大，其實是**將胸襟收窄**，讓人更不堪一「激」。

6 羨慕是「看見人家的好」，嫉妒卻是「**將人家的好看成不好**」。

7 嫉妒讓人的嘴巴變扁，**心術轉趨不正**。

8 嫉妒的人心中常出現的感覺叫「**耿耿於懷**」。

9 嫉妒者愛**揶揄嘲諷**，被嫉妒者通常懵然無知。

10 **真愛**，可以驅走嫉妒。但只是泛泛之交，就保持距離吧！

別以為嫉妒會讓人強大，
其實是將胸襟收窄，
讓人更不堪一「激」。

面對衝擊的 十 個小思

1 衝擊一來，先等等，**別衝動回應**。

2 留意一下自己的**身體反應**，如心情、專注力、胃口、睡眠等等。

3 在心情七上八落的當下，如果能**抽身遠離**就最好，否則**盡量讓自己閉嘴**。

4 不一定什麼事都稟報親朋好友的，找一個**信任**的人談談就好。

5 可以哭，但盡量不要當着那些不知就裏的人面前哭，搞不好就是**火上加油**。

6 不如問問，為什麼這件事這個人對我們的衝擊可以這樣大？我們有否將對方或問題**放大**了？

7 衝擊的背後，可能是千絲萬縷的糾結，**先把最重要的揪出來**，看看有何解決方法。

8 衝擊衝着我們而來，很多時候是一種「打了死結」的想法習慣。如果真的是這樣，**我們願意改變嗎**？

9 把衝擊跟別人分享的話，要有心理準備會被他人**誤解**啊。

10 「**不要怕，只要信**」，是上主給我們面對衝擊的口訣。

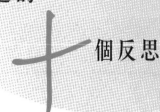

有關逃避的

十 個反思

1 　碰見不知所措的事情，**逃避**是第一個反應。

2 　有時，避開一下那些嘴臉壓力，也是**無妨**。

3 　只是，逃避是沒有辦法解決問題的。當然，也要**搞清楚那是否我們的責任**，別把人家的問題攬上身。

4 　瑣碎事務是我們最想逃避的，但也是**做大事**的基本功。

5 　若因為際遇人事環境不如理想而逃避，其實**到哪兒也逃避不了**的！

6 　經驗告訴我們，逃得了只是一時，**終需面對**。

7 　若碰到什麼人跟事都想逃之夭夭，那可能是**我們的問題**啊！

8 　總覺得懷才不遇、時不與我，或禍不單行這類思維上的逃避，到頭來最**苦澀驚惶**的，還是自己。

經驗告訴我們，
逃得了只是一時，
終需面對。

9 與其不住逃避，不如好好**投入當下**，學懂怎樣面對那些
難搞的人、難處理的事。

10 最安慰的是，我們不能躲避上帝，**祂仍在尋找引領**。

面對無能為力

十式

1 生命中充滿意料之外，人的力量有限，就生出**無能為力**。

2 **承認**它的存在，別裝作若無其事。

3 無能為力是一根針，**扎中生命的痛處**，使我們變得脆弱與無助。

4 找出那些**觸發點**，如誰說什麼或作何事讓我們猝然崩潰的，嘗試深究。

5 在無能為力的黑夜裏，那點點燭光彌足珍貴，**請往光處繼續尋找**。

6 找個信任的人，將自己的狀態相告，請他留意，並**關顧代禱**。

7 別被無能為力的烏雲擋住致看不見身邊那個**不離不棄**的人。

8 無能為力不是罪，也非無能，只是一種狀態，但**不宜久留**。

9 「**放開**」誰是誰非，「**放下**」誰欠誰還，是迎向無能為力的最美招式。

10 再一次**相信**，再一次**投靠**，別讓「無能為力」窒息了這些可能。

面對傷害的

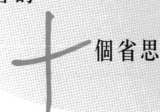

個省思

1 **愛得愈深，傷害也愈深**，但不代表傷口不會結痂。

2 真的是周圍的人都想傷害我，還是我們**想得太多**？

3 有人是存心傷害，有人是無心插刀，總之**避開吧**！

4 明知人家要傷害我們，偏挨身過去，那是**自討苦吃**。

5 受過傷的人懂得**保護自己**，但過分的保護可能會將我們
與世隔絕。

6 人家愛在雞蛋裏挑骨頭，我們又**何必把個人的評價寄託
在別人的嘴巴上**？

7 受傷後，最重要的任務就是**離開一下**，療傷去！

8 有**清晰界線**的人，比較能保護自己，沒那麼容易受傷。

9 說自己不會受傷是騙人的，問題是所受的傷是看得出的外傷還是**隱藏的內傷**？

10 從傷害中，我們學會很多功課，最難的叫**原諒**。

受過傷的人懂得保護自己
但過分的保護可能會將我們
與世隔絕。

面對委屈的 十 個自我鼓勵

1 **每個人對委屈的定義都不一樣**，這才是難處所在。因為對某些人來說只是小小的鞭策，對我們確是難言的無助。

2 委屈有一個美名叫「**磨練**」。特別對那些無法立刻脫離困難處境的人來說，正是。當然也有人覺得是「糟質」，但若這樣想的話，就要為自己立一個底線，知道自己的極限在哪。

3 委屈心底的獨白，可能是「為什麼我這樣⋯⋯你一點都不領情？」但對那些不懂珍惜的人，這句對白還是**不說較好**。

4 什麼事情都願意做，願意扛，其實是訓練我們的**彈性**來。

5 許多時候，我們的胸襟是被委屈**撐大**的。

6 只是，身邊總有不管我們多窩囊、不濟、亂發脾氣但仍**願意接納**我們的人。

7 請提醒自己，**個人的價值不操控在那個施壓或口出惡言的人身上。**

8 跟自己說，熬多一陣子，總會過去，事情也有個水落石出。即或不然，這些忍氣吞聲的經歷，**終會造就我們的能耐見識，**是不會白費的。

9 別覺得自己受的事是特別委屈，其實我們跟大部分人經歷的**無異。**

10 受委屈的時候感覺孤獨，但靠着那加給我們力量的主就能超越，回頭再看，那些困難竟只是一椿**如煙的往事。**

面對遺憾

五十

1. 遺憾像一個考官，通常猝然到訪，讓我們開始**質問自己**。

2. 是的，每個人的人生都有**遺憾**，因為我們的決定都非完美。

3. 對白不外乎：「為何我們不多讀點書？」，「多對父母好些……」，「多努力一點……」**遺憾沒完沒了地啃噬我們早已脆弱的心靈。**

4. 懂得應付的，會跟它說：「**現在知道也不晚**，雖然有些事情改變不了，也來不及。」

5. 遺憾可以是一張**尚未繳付的帳單**，但那些帳是我們沒法全付清的。（付清了就不叫遺憾啊！）

6. 通常，人會為「**已做但卻發覺做錯了**」跟「**該做而沒做的**」而抱憾。

7 做了錯誤的選擇，就要學習怎樣面對這錯誤的功課，以及**避免重蹈覆轍**的愚昧。

8 至於該做而沒做的事，如對父母好些，謹記**子欲養而親不待**之時，就對眼前的長輩多一分關懷吧。

9 遺憾帶着嚴厲的眼光，揭示我們的過去，但它**沒有本事否定我們的未來**。

10 我們甚至可斬釘截鐵告訴它：「是祂，掌管我們的未來。是聖靈，提點我們每一步。**只要我們的心跟隨，就不走差**。」

面對執迷不悟的

十個省思

1 執迷不悟久了，**以為自己早悟了**，是最糟糕的狀態。

2 別以為離開一種執迷，就**永不執迷**，那也是一種執迷。

3 執迷底下潛藏的是一種「**非『此』不可**」的思維，這「此」可以是「做法」、「溝通方式」、「她或他這個人」、甚至微小至「認為別人說這句話就是『此』意思」等。

4 **最可悲**的執迷是：我覺得自己不可愛，也沒人愛。因為這樣想的話，會讓我們覺得周圍的人的關心都是施捨，或是有所企圖。

5 **更危險**的執迷是：我需要愛，所以來者不拒，沒有底線。

6 **最沉重**的執迷是：在別人身上找尋快樂滿足，通常找不著，別人也承擔不了。

7 擺脫執迷的第一步，是看清這種思維方式**只會帶來毀滅與孤獨**。

8 絕望是一個警鐘,告訴我們:**此路不通**,要另覓蹊徑。

9 執迷的背後,藏着的可能是那個**常被掩飾躲藏的「自己」**。

10 上主**從沒離棄**,等待着執迷的我們回轉、回歸。

人際十訣

交友 十 問

1 我們對他的第一印象如何？

如果第一印象都「麻麻」，就不用再想進一步的交往。

如果**一見如故**，**志趣相投**，**經歷相近**，都是可以拉近距離的元素。

2 有機會知道對方在不同的場合，跟不同的人互動是怎樣的嗎？

有些人是人前人後兩個樣，有機會**認識對方的多方面**，總是好的。

3 我們跟對方會想有恆常交往見面的機會嗎？

如果心中連這個渴望都沒有，又怎談**進一步的交往**呢！

4 彼此一起交往時，是否覺得開心自在，愈來愈投契？

最美好的關係，就是不用假裝，不用掩飾，**真實地做自己**。

5 對方有表示想跟我們進一步發展友誼嗎？還是我們一廂情願？

友誼的進展，一定要是**雙方甘心情願**。單方面伸出友誼

之手，對方不接，也是沒辦法的。如果是這樣，倒不如瀟灑告別，免得自己受傷。

6 如果彼此的背景跟社經地位不同，會否出現價值觀的衝突？

別以為這不重要，去哪兒吃飯跟誰交朋友，是否真的談得來，地位出身的不同差異，是**絕對有影響的**。

7 對方是否真誠可靠，實話實說？還是常常有所隱瞞？

如果相處關係之中，只有一方坦白率直，另一方保密十足，這樣的友誼讓人**很沒安全感**。

8 當我們有難時，對方有顯露關心嗎？

朋友就是我們落難時，願意**接納我安慰我**的那個人。如果我們難過時對方什麼表示都沒有，那就是普通朋友而已！

9 當我們開心見誠揭露個人的故事時，對方有回應嗎？

所指的回應除了**有所認同和支持**，也包括對方是否願意**透露個人的往事**，這樣的相處模式才是有來有往。

10 當我們想跟對方進一步熟絡時，心安嗎？還是不對勁？

有時候要**相信我們的直覺，或內心聖靈的提點**，要不找一位真正信任的朋友，將這份不安跟他談談，看看他的意見如何？

有關人際相處的

十 個共識

1 初相識，通常都把最好的一面讓對方看見，**相處久了就會露餡**。

2 相處是要**你情我願**，勉強不來。

3 以**真誠相處**，才能見真章。

4 與戴面具的人相處，是在**演戲**。

5 真正的相處是需要花**時間**與**心思**的。

6 相處的基石在於**坦誠的溝通**，是就說是，不是就說不是。

7 相處中發覺對方願意為自己多走一步，那是**恩典**，並非理所當然。

8 從認識相處至相知相惜、保持距離或疏遠，是截然不同的路，要**小心經營**！

9　走過難關逆境，越過誤會謠言，依然**堅持相處**，難得！

10　相處的學問很難，唯有**靠主學習**，明白祂的寬容，受落祂的管教。

相處的基石在於坦誠的溝通，
是就說是，不是就說不是。

人際間保持清醒的

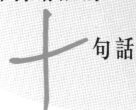

十句話

1. **別要求別人完全明白我**，因為有時連自己也不明白自己。

2. 真想見面的朋友，**總會抽得出時間的**。

3. 關係中若只有單方面的付出，叫「**討好**」，不是交心。

4. **看清楚**對方是什麼人，才好掏心掏肺啊！

5. 若沒有這樣的能耐，就別跟一個常常**黑臉跟猜疑**的朋友交往。

6. **心胸**有多大，**朋友的圈子**就有多廣。

7. 如果過去日子只纏繞在**一段關係上**，可能是時候做個了斷。

8. **遠離**那些不喜歡自己的人，就是善待自己。

9. 跟朋友交往之餘，也要記住**關顧家人**。

10. 即使傷心過多少遍，這世上仍有**真朋友**，是祂為我們預備的。

十人

十

釋

1 恩人

連自己都瞧不起自己的當下，卻聽到他在耳邊說：「**你
行的！**」連自己都不給機會自己的那刻，卻見到他伸出
信任之手說：「**來試試！**」

2 朋友

無論聽到什麼，他仍會選擇相信那個曾跟他**患難與共**的
我。

3 智者

在我們想不通，看不透的時候，他們的話就像**當頭棒
喝**。

4 小人

圍繞在身邊打轉，出奇不意的時候**愛放暗箭**與**打小報
告**。

5 好人

人人都想做，但嘗試之後覺得**好難**。

6 壞人

沒人認更沒人想做，但有時**受不住壓力誘惑**，我們就做了。

7 愛人

令我們**窩心**的，但搞不好的話卻是**傷我們最深**的人。

8 成人

跟年歲無關，乃**心智閱歷涵養的總和**。

9 熟人

最弔詭的稱謂，因為你以為相熟，對方卻未必覺得。

10 聖人

自以為是聖人的，最不神聖。

有關信任的

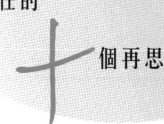 個再思

1 信任是**從認識開始**，而不是一時興起。

2 是否信錯了人，**時間**是最好的見證。

3 信任是**雙方**的，不能只有單方面的坦蕩與付出。

4 **誤會是衝擊信任的導火線**，一旦燃點了就要處理，千萬別讓偏見累積。

5 一句**謊言**可以把信任的橋樑摧毀。

6 人是**善變**的，信任也容易在變幻的浮沙中流失。

7 既然信任，就**不用什麼都解釋**。若不信任，解釋也是多餘。

8 人情多熱也會有**冷卻**的時候，信任也會墮入這樣的循環。

9 信任也是**一面鏡**，讓我們看清在對方心目中的位置。

10 經歷誤會，能忘記背後重建信任，是**恩典**。

坦誠

十

思

1 坦誠是**動了真感情**的一種表達。

2 對人坦誠是需要**循序漸進**的，切忌單憑感覺。

3 那種近乎心靈赤裸的坦誠更需要**好好守護**，別隨意向人披露丁點。

4 對那些滿肚密圈，深藏城府的人，對之坦誠是一種**愚昧的行徑**。

5 碰上那些對自己毫無保留、坦誠相向的人，**千萬別掉以輕心**。

6 千萬別以坦誠作**攫取友誼的籌碼**，最終受傷的是自己。

7 就算對方看似多麼可信，若心中仍忐忑疑慮，就**別輕舉妄言**。

8 坦誠相待不一定要說出心底的秘密，能**表達心中想法和感受**已足夠。

對人坦誠是需要循序漸進的，
切忌單憑感覺。

9 若一方想坦誠，另一方不願意，是**勉強不來**的。

10 唯有那**洞悉人心的主**，受造的我們在祂面前才真正無所
隱藏。

對人好的  十 個提示

1 **只顧對人好**，卻對自己不好，這不好。

2 對人好是不錯的出發點，但**人家要受落**才是關鍵。

3 因為害怕孤獨而對人好，只怕會淪為**寂寞的奴隸**。

4 光說對人好而**沒有行動**，那只是說說風涼話。

5 能幫助別人的事情很多，但**不是每一樁都得做**。

6 許多時候，**懂得拒絕**才是對雙方都好的回應。

7 最低層次的對人好是用自己的喜好去待人，而不是**別人渴望的方式**。

8 請記着：對人好，人家不一定對自己好，**施恩莫望報**啊。

9 無論怎樣，**對人好的心胸總比處處防範人寬廣**。

10 如果**愛助人是天生本性**，就求主保護我們的好意免受踐踏吧！

訴苦

想

1 人生總有悲歡離合，找人訴苦是**常事**。

2 **苦偶爾訴訴就是**，若成為例行習慣，恐怕會讓身邊人敬而遠之。

3 但千萬別隨便抓個人來訴説，因為**沒有多少人愛聽苦水**。

4 更重要的，是對方是否可信可靠。否則，將內心的秘密當人情，**吃虧的是自己**。

5 若找不到一個願意聽的人，只因暫時各有各的苦惱，所以我們要**學習獨自承擔**。

6 即使對方願意，也要**看場合時機**。若對方正忙得不可開交，哪來時間一對一的坐下，聽我們娓娓道來。

7 請留意，長篇大論跟點到即止的訴苦，分別很大。前者會讓聽的人不耐煩，後者能**留給對方一點回應與思考的空間**。

8 請別儲滿了**幾桶子的苦水**才找人吐，沒有誰會招架得住的。

9 將**眼光放遠些**，**心放寬些**，苦也會少些。

10 當一個人**安靜下來禱告**的時候，苦，會慢慢轉淡，最後變甜。

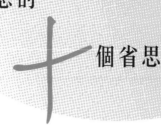

有關埋怨的

十個省思

1 凡人總有牢騷，埋怨就是讓這些心中不滿有個**出口**。

2 把責任歸咎給別人、給環境，**總比自己扛着輕省**。

3 但小心埋怨成了習慣，我們就會變得**不負責任**。

4 埋怨讓我們**停滯不前**，只懂批評，不愛行動。

5 抱怨別人跟不斷自責，都是銅板的兩面，讓人**裹足失據**。

6 埋怨絲毫不**能幫助我們改變現狀**，也未必能博取別人同情。

7 身邊總有愛抱怨的人，那就試試幫助他們**從別的角度看看**。

8 與愛埋怨的人為友，要小心別讓自己也**墮進指摘的深淵**。

9 有時**接受與擁抱現狀**，是化解抱怨的第一步。

10 與其因個人的際遇埋怨上主，不如求祂打開我們的眼睛，叫我們看見祂的**同在與不離不棄**。

饒恕

十想

1 心懷苦毒，是饒恕的**大忌**。

2 每一趟提到別人如何苦待虧欠，只會**加深創痛的回憶**。

3 讓一個人的傷害在生命中延綿，是因我們**容許**。

4 真正的饒恕不是說別人沒錯，而是**放過自己**。

5 被傷害、被欺騙等等的痛苦都是**真實**的。

6 願意承認及處理**內心的不忿**，是踏出饒恕的第一步。

7 **放下**數算別人欠下多少的計算機，是釋放之始。

8 更多時候，**饒恕是沒有道理的**。就算有理，也是說不清那種。

9 求主幫助我們，學習**在饒恕中「一筆勾銷」的功課**。

10 主啊，原來對方**也不知道**自己在做什麼！我明白了！

有關包容的

十 個反思

1 一天總有一天的**煩惱**，學會包容，我們的日子會好過一點。

2 對那些**口沒遮攔**的人包容就是——句句計較就易動氣了。

3 更多時候包容是**對待家人的基本功**，但偏偏最難學更難精。

4 包容不是忍口吞聲，而是順服內心聖靈的提點，**不輕舉妄言**。

5 也不是不明底蘊，而是**看穿人都有劣根性**，不能一時改得了。

6 只是包容有時，若過了火位成了對自己的**不顧惜**，就闖禍了。

7 若碰上那些不知好歹，忘恩負義的人，包容就會變成了**縱容**。

8 所以對那些不斷踐踏我們底線的人，要有**掉頭而去的果斷**。

9 把別人的遷就當成理所當然的人，更要**敬而遠之**。

10 內心要**討好所有人**的想法只是欲望，並非包容。

有關拒絕的

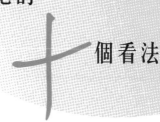

個看法

1 不好意思拒絕別人，到最後會發覺自己只是很沒意思地**應付別人要求**。

2 不懂拒絕的底牌可能是：**沒主見！**

3 我們真的有**拒絕別人的權利**，即使並不習慣。

4 我們的遷就與無所謂，若給了那些得寸進尺的人，就是**縱容他的貪念**。

5 **先小人後君子**，說清彼此界線的交往，才能避免不必要的誤會。

6 超出能力範圍的幫忙，要**慎思明辨**。心不安時，還是拒絕為妙。

7 別太介懷人家拒絕我們的好意，那代表**他知道自己想要的是什麼**。

8 拒絕並不代表我們不當好人，而是明白了「**好人難做**」。

9 既然拒絕就要**乾脆**，不要拖泥帶水。

10 更重要的，是**求聖靈保守我們的心**，拒絕那叫人離開神的誘惑。

說清彼此界線的交往，
才能避免不必要的誤會。

自討苦吃的

十個陷阱

1 讓一個人的言行生活**霸佔了自己的整個世界**，只在乎他／她。

2 一而再，再而三解讀**一句話，一個表情**。

3 將自己的感情**任意揮霍**，不懂收斂。

4 常跟「**不甘心**」、「**捨不得**」這兩種感覺糾纏。

5 明知對方在**欺騙自己**，仍一頭栽下去。

6 **自以為了不起**，不聽智慧人的忠言。

7 不斷以癮頭來麻醉自己，最後連感覺也**變得麻木**。

8 對所擁有的總覺得不足，想要更多，就是一個「**貪**」字。

9 過度的自我保護，失去了冒險的樂趣，變成**故步自封**。

10 離開了祂，**什麼都不是味道**。

應對別人的話

1 **無聊**的話，真是多聽無益。

2 **讚美**的話，只要聽聽就算。

3 **獻媚**的話，最好充耳不聞。

4 **批評**的話，必須去蕪存菁。

5 **冷漠**的話，切記不聞不問。

6 **譏諷**的話，就是不聽也罷。

7 **鼓勵**的話，定要銘記於心。

8 **勸諫**的話，更要洗耳恭聽。

9 **傳來**的話，需要再三印證。

10 **謠言**的話，選擇沉默以對。

有關說話的

十 個反思

1 對於不明底蘊的事情，還是**少說為妙**。

2 別以為話多人家就會聽，反而是**令人煩厭**。

3 **三思而後言**並不老土，而是大智。

4 說話**沒句號**，才是真俗套。

5 別將**嘲諷**成為自己的一種本錢，只怕最終連本也蝕掉。

6 **衝口而出**的話，很多都是廢話。

7 忠言當然要說，但也要看看對方受得了多少而**酌量說**。

8 說話需要智慧，**沉默卻需要節制**。

9 **別奉承鼓勵的話**，通常都是有去有回的。

10 那些密室中的禱告話，**告訴天父就好**。

有關選擇的

十個看法

1. **每個人都有選擇的權利**，你有，我也有。

2. 如果選擇走向東，就往東走吧，**別走幾步又回頭看看西啊**！

3. 我們總覺得**自己的選擇好**，就游説別人跟從。但請記着，別人也有選擇的權利。

4. 為人父母的，最愛的動作就是為孩子做選擇，但做多了，小心孩子**慣了依賴**，而不懂得做精明的抉擇。

5. 太多的選擇，反而讓人**眼花撩亂**，不知所措。

6. 選擇有時會選錯，但重要的大事如選擇配偶、人生方向目標等務必謹慎英明，**不能心急造次**，至於每天小事如吃什麼、喝什麼，就隨便吧！

7. 我們未必喜歡別人的選擇，但那始終是人家的事，我們要**尊重**。

8 同樣，人家也有權不選擇我，也許是我們未夠班，也許是對方走寶，也許是上主放我們一馬⋯⋯就讓我們放開懷抱，**選擇接受**。

9 別以為當機立斷就是最好的選擇，有時那只是迫在眉睫的反應。反而禱告三思，給自己一點等待的時間，**別被人牽着鼻子走啊**！

10 有些選擇是明知要做卻不敢做，不願做的，需要求主剛強或軟化我們的心，做了，就看見**盼望在前方**。

有關本事

十訣

1 本事不是我們說有就有，到底有沒有，**人家一眼看出**。

2 通常，本事都是從**專注培養一兩項專長**開始。

3 真正的本事，不一定與學位掛勾，卻跟**重覆操練**與**累積的經驗**不可分割。

4 那些說本事可以在短時間培養出來的話，是**騙人**的。

5 真正有本事的人，通常**不會口口聲聲宣揚**自己有本事。

6 與其羨慕或嫉妒人家的本事，不如**自己培養**一種本事。

7 沒本事通常跟**慵懶、沒紀律、不願下功夫**有關。

8 **天天嘗試，全力以赴，並從錯誤中改正**，是培養本事的不二法門。

9 挑戰人家「你有本事就這樣」的人，**心虛居多**。

10 **不要看自己過於所當看的**，是看待本事的心態。

真正的本事，
不一定與學位掛勾，
卻跟重覆操練與累積的經驗不可分割。

夫妻蜜語

成為好丈夫的

五 個基本條件

在輔導夫妻關係時，常常出現一個現象，就是丈夫會說：「你只要輔導妻子就好，她沒有問題，我就沒有問題。」男女關係其中一個大不同，就是**男方不太喜歡說心底話**，所以男性之間溝通的話題都是一些國家大事，這也令男性以為自己心胸很寬廣，更**以為問題不在自己身上**，於是就會出現上面的情況。

我年輕時的粵語電影，可以看到女性角色都是「逆來順受」，男性可以為所欲為。這些既定形象都不期然放在人的內心中。所以，坊間和教會舉辦的一些婚姻講座，講員和聽眾大部分都是女性，而男性絕少參加，這是因為他們覺得自己「沒有問題」。

所以，在離婚率高企下，教導夫妻關係的講員與聽眾都是以女性居多。或許，我們要打破這種觀念。要知道婚姻是男女雙方的結合，婚姻出現問題絕不會是單方面的錯。這裏我先談一下成為好丈夫的五個基本條件：

1 明白妻子的感受

男性比較傾向解決問題，當妻子分享一些感受時，就很

自然想解決她因某些問題所帶來的感受。其實,女性更重要的是被明白和了解。

2 讚賞妻子的作為

最近在電台的節目聽到一位男性聽眾公開讚賞妻子,説她本來是一位事業型的女性,為了家,就放棄事業,專心顧家。當然,不是每個女性都要放棄事業才被讚賞,我認為雙職女性更需要被讚賞。

3 陪伴妻子一同逛街

很多時候,夫妻逛街都是各取所需,分開行動,這可能是希望節省時間。不過,若增進夫妻關係是那麼重要的話,為何要節省這一點點可以一同購物的時間?

4 幫助妻子做家務

所謂「家務」,就是家裏的事務,家是屬於夫妻倆,為何只把責任給妻子呢?

5 分享自己的行蹤

不要以為這是小事,讓妻子知道自己的行蹤,不是讓妻子放心,更重要是**減少自己被試探**。為何自己的行蹤不能給最親的人知道?

這些只是五個基本條件而已,其實,成為好丈夫需要一生的學習。

成為好妻子的

五個基本條件

上一篇文章提到好丈夫，一位好丈夫必須配以好妻子。讓我也嘗試談談好妻子的五個基本條件：

1 偶爾要小鳥依人

這個時代的香港，女性地位的確有所提高，甚至連香港的特首也是女性，雙職婦女的數目肯定不少。在男女平等的時代，這是無可厚非。只是，男女總是不同，為人妻的職業女性，偶爾也要小鳥依人，讓丈夫能擁抱妻子，給予妻子一種安全感，因為男性總會有些大男人主義和英雄情意結。

2 給予丈夫鼓勵

夫妻倆的能力一定不會一樣，也各有長短。問題是因男性的自尊心通常比較強，若妻子常常貶低丈夫，看不起丈夫，夫妻之間的關係一定會出現問題。

3 讓丈夫感到被尊重

最近讀到這本名為《男人需要尊重，女人需要愛》的書。若夫妻需要商討一些問題，一定要讓丈夫感到被尊重，也就是說不要馬上否定丈夫的意見，就算丈夫的意見不一定是最好，因給予尊重，也就順服丈夫的決定。

4 逛街時挽着丈夫的手臂

我鼓勵夫妻逛街的時候不要分道揚鑣。若丈夫願意陪伴在身旁，妻子最好是挽着丈夫的手臂，給予丈夫一種願意跟隨的感覺。

5 與丈夫共同進退

無論任何情況，都要與丈夫共同進退，特別當女性的工作崗位比丈夫高的時候，若有重大決定，也要跟隨丈夫。

當然，每一個行動不只是表面，重要是**從心出發**，也就是說，當夫妻有愛的時候，這些行為就能很容易和自然地表達出來，夫妻關係也會長久。

無論任何情況，
都要與丈夫共同進退。

尋求誰是合適配偶的

五個秘訣

除了師母之外，我沒有與其他女性真正的約會過。對我來說，一次的約會就步進了婚姻，我們的婚姻剛過了四十二年。

在我信主後，當時的大學團契都強調**不要隨便與異性約會，除了認定這位異性是結婚的對象**，按信仰的觀點，若心中有心儀的對象就先要禱告，尋求神的旨意。若禱告中感到是神的旨意，就會與對方分享，若對方有相同的心意，才開始約會。我與師母就是在這種情況下開始約會，兩年多後就結婚。所以，我相信能尋求合適的配偶有以下五個秘訣：

1 先有心儀的對象

我不否定「情人眼中出西施」。每個人都會有他的審美眼光。所以，必須要先過自己眼睛的一關。

2 多觀察對方

美麗只是外在，多觀察就能了解對方的內涵。有時候，在群體活動下的觀察更能認識對方。中國人所説的從麻將桌上見「牌品」，就是這種意思。在多番觀察對方的個性後，自己是否可以接受？

3 求問神的心意

有信仰的信徒必須要先求問神，要知道這是否神的心意？雖然，有時候不一定百分之百，但也可以先給予內心的平安。

4 不要常常「二人世界」

當約會時千萬不要以為「二人世界」最重要，必須要平衡，因為人會改變。「二人世界」時認識的對方也不是最全面。

5 多坦誠的分享

約會的時候千萬不要裝假，要學習怎樣真誠溝通。因為人與人之間最重要是能真誠。有時候因能坦誠分享，可以信任對方，就會進入婚姻的關係。

很多時候，我們在約會時多隱藏真我，這或許可以給予對方好的印象，其實，我相信**能表現真我，才能真正贏得對方的心**。要知道，隱藏一時，不能隱藏一生。找得真愛必須要學習以上的五個秘訣。

建立健康男女關係的

五個元素

過去幾個星期,特別有關男女關係破裂的新聞真的使人感到很傷感,也令人覺得匪夷所思。難道真的如中國人所說一樣,「愛」的反面就是「恨」嗎?其實,要建立健康男女關係必須要有以下五個元素:

1 看重群體活動

很多時候,初戀總是想要更多的二人相處的時間,這可以說是很自然。但是,真正要認識一個人,除了「二人」的相處之外,藉群體的活動也能看到對方的另一面,加上當「二人相處」偶爾出現問題之時,就會有朋友給予合宜的意見。

2 必須要保持適當的空間

《約會中的界線》(*Boundary In Dating*)這本書提到要發展健康的約會,**彼此之間必須能真誠對待**,就是可以指出對方的不是和各自應該有自己的朋友。

3 不要以為「忍」可以解決問題

中國人說的「百忍成金」在某方面是對的,只是在人與人的關係上卻不容易只靠「忍」來解決問題。因為約會正好

給予機會來表白真正的自己，從而讓雙方知道怎樣相處才是最好。

4 「專一」不是「單一」

愛情當然是要「專一」，卻不能只是「單一」。這不是說要刻意認識多幾個異性來選擇，而是**人與人之間的關係要有「分寸」的交往**，否則會給予他人無謂的誤會。

5 讓家人知道自己在約會

家人始終是自己最親的人，若真的開始約會，應該告訴家人，特別是自己的父母，讓父母給予意見，當面對問題的時候他們也能給予不同角度的看法。父母始終「吃鹽比自己吃米更多」。

約會是正常的交往，理應值得鼓勵。只是在講求「自我」的世代，我們很多時候都是以「自己」的角度來解決問題，但「三人行，必有我師」，身邊的人有時能給予我們不同的方向。

婚姻能一生之久的

五個秘訣

在韓國機場遇到一位牧者，大家交談中提到婚前輔導的重要性。牧者說因為他的教會強調婚前輔導和婚後的夫婦營會，教會內的離婚率真的非常低。

為何整個世界的離婚率愈來愈高？我想最有可能的答案就是人的「自我」。對現代人來說，婚姻是經過雙方戀愛、彼此認識後的一個重要決定。無論在婚姻註冊處或在宗教場所結婚，在簽字前一定會嚴謹的宣誓：婚姻是一生一世，這才會出現中國人說的「白頭偕老」、「永結同心」等觀念。當然，中國人也說：「相見好，同住難」，意思是在結婚後才會真情流露。

怎樣可以維持長久的婚姻，以下有五個秘訣：

1 人不是完美

要知道人總是不完美，夫妻是兩個不完美的人住在一起，雙方總會有爭拗。不過，若有愛，就不一樣，因為**愛是恆久忍耐**，愛能遮掩一切過錯。

2 人不斷在變

很多人說夫妻結婚久了，就會出現夫妻相。我不認為夫妻相是指樣貌，反而是一種行為上的相似。若夫妻都能彼此有好的影響，關係就會更密切。當然，人生也不一定那麼理想。所以，才需要愛，因為愛是有恩慈。

3 人要先相信

信任是需要建立。夫妻之間怎樣可以建立信任？在乎彼此之間的坦誠。不過，夫妻間有時候也需要知道怎樣坦誠相處。請記着，**愛是不嫉妒，愛是不自誇，不張狂，不作害羞的事，不求自己的益處，不輕易發怒，不計算人的惡。**

4 人要先付出

很多婚姻問題在於只想對方改變，卻從來不會想到自己需要改變，甚至會在意誰先改變。人都會想若自己先改變，對方卻仍然原地踏步會怎樣？但重要的是誰願意先付出？愛是不求自己的好處，只喜歡真理。

5 人要倚靠神

倚靠神的原因正正因為神本身就是「愛」。當人有神的愛在心中，愛就會永不止息。

婚姻本身需要栽培。栽培的過程會經歷高低潮，就好像種花的過程，為了讓植物更茂盛，就需要修剪。婚姻也是一樣。所以，若人心中有神，人就會有「愛」在心中，婚姻就得以一生之久。

信與不信的婚姻帶來
五 個觀念上的
衝突

從信仰的角度，婚姻是神所配合，所以神應該配合兩個信徒。只是在現實教會當中，男女的比率相差太遠，特別是女比男多的情況下，對女性肯定是不公平。但是，也有一些觀念認為，兩個抱有完全不同信仰價值的人願意走上紅地毯，結為夫婦，「信仰」可能只是兩人結為夫婦的眾多因素中的一個，頂多是一個重要的因素。為何教會那麼執著？因為**「信」與「不信」的確會帶來觀念上的不同**，當然，我也相信，基督徒的婚姻不一定就沒有這種差別。但我相信，只要願意培養婚姻關係，這等觀念會漸漸收窄。以下是五個可能有差別的觀念：

1 金錢觀

《聖經》教導要「十一奉獻」，這是信心的行為，也是對神對我們的「愛」所作出的回應。這不是一種強迫，而是甘心的奉獻。但這是很容易產生衝突的觀念，因為「不信」的一方會有此疑問：「為何要奉獻給『教會』？」

2 時間觀

參加「崇拜」是信徒最基本的活動，因此雙方對時間的分配也會有所不同。「不信」的一方可能會覺得周末是家人

相聚的最好時間，卻好像被教會「崇拜」時間所佔據。

3 工作觀

我相信努力工作並不是錯，只是怎樣平衡？成熟的信徒會參與事奉。生活圈子也多了「教會」。工作上也極有可能會產生不同的看法。

4 親子觀

若夫妻有了下一代，對下一代的培養、學業、擇偶和工作要求都會有不同的標準。

5 婚姻觀

「合則來，不合則分」是現世代不少婚姻的「共識」，但我們卻確信「神配合的人不能分開」。

我要強調，教會不是說要排斥信與不信的夫妻，乃是要**與「信」的一方同行來影響「不信」的一方**，特別是結婚後其中一方信了耶穌，或與戀愛時不信的另一半開始約會，教會一定要扶持「信」的一方，否則「信」的一方很容易被牽扯離開信仰。最大的困難是教會普遍出現「男少女多」的情況，怎辦呢？當然，我鼓勵教會要向男性傳福音，期望教會男女比例可以收窄，就可以鼓勵「信」與「信」的結合。

培養夫妻感情的

五個秘訣

最近離婚的數字不斷的向上升，離婚似乎是婚姻出現問題時的唯一出路。我相信每一對夫妻結婚的那一天都應該不會想到有離婚的時候。到底該如何維繫夫妻感情？

1 要經常保持約會

婚姻並不是約會的終點，而是進入另一個階段。因為雙方一起生活必須要進行很多磨合，面對意見不同時，不是放在心中，而是找適當時間溝通。若保持約會，就可以在很輕鬆的環境下表達一些不同的意見，不只會減少不必要的摩擦，更能了解對方的想法和增進感情。

2 明白對方的感受

很多事情發生並不一定是誰對誰錯，甚至那事可能是一件好事。問題是當事情發生時，配偶會有何感受？例如若其中一方不斷晉升，是一件好事，可是配偶卻一直維持現狀。若晉升的一方是女方，那更不容易，面對夫妻之間的「階級觀念」應如何解決？當然，若從經濟着想，晉升必然是件好事，只是在這種情況，夫妻必須要有很深入的分享，也要顧及配偶的感受，特別是女方。

3 要懂得接納對方

中國人說:「相見好,同住難。」很多時候在婚後才認清對方真正的一面。加上人會改變,所以,**無論任何時間,都要接納對方是個怎樣的人。**

4 不說離婚兩個字

婚姻中吵架似乎是無可避免,而吵架的時候最容易說:「我們不如離婚。」以為只是說說而已。不過,當「離婚」常常掛在口中,總有一天真的會有行動,屆時就會後悔一生。

5 夫妻要彼此代禱

禱告可以改變一切。當事情真的難於啟口時,禱告是最好的武器。因為神可以改變自己,接納對方。當然也會改變對方。我們要相信神一定把最好的給祂的兒女,因為婚姻是神所訂定。

要知道,夫妻要不斷的培養感情,才可以「白頭偕老,永結同心」。

尊敬配偶的

五 句話

我們都知道一句話可以帶來很深的傷害，特別出自親人口中更甚！所以《聖經》說：「**百體中舌頭是最小，卻可以帶來很嚴重的後果。**」婚姻出現問題有可能只是由一句話而起，就算事後想補救說：「我只是說說而已」，其實已對他人造成一些傷害。當然，也不是要極端到三緘其口，只是要小心為重。對我來說，操練以下的五句話，更能使夫妻關係有所成長，特別是老夫老妻更要留意，那就是：

1 謝謝你

中國人常以「相敬如賓」形容夫妻互相尊重，關係融洽。夫妻彼此相助是非常普遍的情況。所以，有時就很自然的忘記說：「謝謝你。」其實，說一聲「謝謝你」只是數秒鐘，卻可以令對方感到備受尊重。

2 對不起

對男性來說，說「對不起」真的不容易，這好像是「面子」的問題。不過，若真的有錯，一句「對不起」不只是給予自己一種解脫，也可讓配偶知道自己已明白到問題所在，同時，也向配偶發出一個信息，就是自己會嘗試改變。

3 你好嗎

通常這一句問安話是向不常見的朋友說的。或許向配偶說這句話似乎是多此一舉。當然，我不是要求早上一起牀就問候枕邊人，其實更重要是待晚上才問。因為每一天我們的身邊都可能會發生很多事，問一下「你好嗎？」就是嘗試打開話題，進入溝通，是明白對方的途徑之一。

4 我明白

要知道溝通的目的是為了明白對方。所以，溝通的重要性在於整個過程。而男性其中一個問題是，只想很快去解決問題，卻不是去明白對方真正的需要。說一聲「我明白」正正就能給予對方分享更多內心感受的機會，以增進感情。

5 我接納

我們不能只接納配偶的優點，也要接納對方的缺點。不過，我認為的接納，不是一種無奈，而是一種承擔。最基本的承擔就是禱告，就是不讓配偶因優點而驕傲、因缺點而沮喪。說一聲「我接納」已經是一種尊重。

我常常自我提醒，**口出恩言總比口出咒罵好**。因為能多欣賞，就能建立更好的關係，才能說一些坦誠的話，始能改變。這正是夫妻倆不斷學習的功課。

夫妻以禮相待的

五個「不」

夫妻應該常常說：「謝謝。」因為這是基本的禮貌。只是結婚已久的夫妻要維持以禮相待並不容易。以下的五個秘訣，夫妻們或許可以加以學習，讓婚姻更穩固。

1 不斷學習感恩

有「感恩」的心，基本上是能使人心中有喜樂。這是很簡單的，因為心中充滿埋怨、不忿、仇恨的人，不會很快樂。夫妻關係就更需要有感恩的心，因為這樣能夠更容易看到對方的優點，看到缺點的時候，也不會有太大反應。

2 不要以為知道

很多時候，結婚的日子愈久，就愈會有一種「對方一定理解」的心態。其實，人不斷在變，夫妻雙方亦然。不要以為說一聲「謝謝」作用不大，或許一句就可以增進雙方的感情，使婚姻更美滿。

3 不能成為慣性

當然，若把說「謝謝」當作例行公事，夫妻之間也會出現問題。夫妻之間需要「真誠」相待，因為雙方是否「真誠」很容易被發現。有時候，回到家，配偶對你做了一些

事，慣性説「謝謝」當然比不説好一點，但也不要漫不經心地道謝，尤其要避免正在看電視或玩手機的同時説「謝謝」，正面的向着對方説「謝謝」會更為理想。

4 不必要求回報

我要強調，這不是「施恩莫望報」的心，只是當自己做了，而配偶偶爾沒有一樣的做法時，不要將這事放在心裏，也不要影響自己，繼續的實踐，對方一定會被感動。

5 不是老夫老妻

這是我常常對自己的提醒，雖然我們結婚已經四十二年，但我們仍然保持約會，沒有因年份的遞增而改變我們的感情，我們依然繼續真誠的「以禮相待」。

最近聽到一個妻子有婚外情，要求離婚的個案。當然，家家有本難念的經。很多時候，夫妻會説：「我們已經沒有初認識時那一份激情，只有感情。」我不認同這種説法，我相信保持激情是不分年齡，**只有能不斷發現配偶新的一面，多感恩，婚姻就會有不一樣的感覺。**

怎樣建立和諧家庭（一）： 夫妻恩愛

家庭一定有家庭成員，一個家庭最基本有父母和兒女，這也是我們常常說的「一家四口」。中國傳統的家庭是成員愈多愈好，這才會有「四代同堂」，甚至「五代同堂」的觀念。傳統中國的四合院就是讓一大家人都住在同一個地方，而又各家有自己的空間。

家庭制度的開始必須先有婚姻制度，這也是神創造天地後所訂下的第一個制度，第一對新人是亞當和夏娃。所以，要建立和諧家庭必須先從夫妻關係開始，**夫妻的恩愛程度可以說是影響家庭是否和諧的第一步**。要成為恩愛夫妻有三個條件：

1 信任

現代人進入婚姻階段已經是「彼此認識」。只是為何現代的離婚率那麼高？信任不足可以說是造成婚姻關係破裂的原因之一。很多時候都會聽到妻子說：「我無意中看到丈夫的手機，居然看到他跟秘書說悄悄話。」懷疑就應運而生，妻子就會開始偷看丈夫的手機。其實，信任出現問題，若不真誠的溝通和解決，懷疑就會加深。不過，**在真誠的溝通中確實也先要有信任**。另外，在溝通中自己也要反省，是否與丈夫的關係上也出了問題？

2 成長

夫妻關係為何需要培養？**因為成為夫妻之後，二人仍然會不斷的改變**，包括個性、習慣和工作等。所以，要成為恩愛夫妻，雙方都要在兩方面成長：其一是認識對方，透

過「保持約會」繼續了解改變中的配偶，從約會中成長。其二，若有共同的信仰，就是在信仰中成長，當與神的關係成長，彼此間的關係也會有所增長。

3 相愛

「愛」是很奇妙的，不能用方程式寫出「愛」的元素。夫妻間的相愛可以說更難，因為最常聽到是「相見好，同住難」，這是因為完全不同背景的人要相處然後住在一起真的需要很多磨合。《聖經》說：「鐵磨鐵，磨出刃來；朋友相感（原文是磨朋友的臉）也是如此。」朋友需要磨合，夫妻不是更需要嗎？所以，**要磨合成為刃必須培養「愛」**，就是要改變自己的執著、寬容對方、懂得處理怒氣和對己嚴、待對方寬。

培養夫妻感情並不是容易學的功課。不過，只要看得到配偶是「神所配合的，人不能分開的道理」，我相信每對夫妻都能仰望神的幫助，婚姻一定可以天長地久。

丈夫絕不能向妻子說的

五句話

「溝通」是培養夫妻感情的重要因素之一，然而一句話有可能造成很大的傷害，在心情不好的情況下，傷人的話更會衝口而出，這會導致婚姻的破口。所以，**「慢慢的說」是智慧的表現**。在婚姻關係中，有五句話絕不能說出口，特別在生氣的一刻，它們是：

1 你跟你媽一樣

這句話可以有「正」「反」兩方面的含義。若是衝口而出，「反」面的可能性比較大。其實，婚姻肯定不只是兩個人的事，也牽涉到雙方家人和朋友。要知道兩個人的適應已經不容易，同時要適應與雙方有關係的人可以說是難上加難。夫妻關係好的時候，一定會分享對對方家人「正」「反」的觀點，當夫妻有爭拗的時候，說「你跟你媽一樣」，所帶來的傷害可以很嚴重。

2 為何你變成這樣

夫妻朝夕相對，久而久之真個性會表露無遺。此外，人在成長中也會有所改變，問題是向哪一個方向改變。所以，夫妻一定要彼此適應，並透過不斷的溝通來了解大家的改變。

3 我已經不愛你

這是一句傷害程度很深的話。何謂「愛」？與其說不愛對方，反而要想一想自己為何有這樣的感受？

4 不知道自己的兒女像誰

這是含有「不道德」意義的一句話，也有可能埋怨妻子的教導方法出了問題。說出口時真的需要很小心。

5 你不喜歡就離婚

很多時候，我們以為這只是一句「氣話」，若想深一層，這也是一句已經沒有迴轉的話。所以我與妻子打從結婚開始，就已約法三章，無論多憤怒，「離婚」這兩個字一定不會說出口。

中醫師在把脈後一定要病人伸出舌頭，因為舌頭可以看到人的內臟是否健康。而《聖經》也提到要勒住舌頭，因為舌頭是控制講話。舌頭在身體的器官可以說是最小，但若不小心運用，帶來的禍患可以很深遠。要夫妻之間更恩愛，記得「慢慢的說」。《聖經》說：**「多言多語難免有過；禁止嘴唇是有智慧。」**

妻子在丈夫面前避免的

五種行為

不能否定，全世界離婚的個案不斷的上升。一對夫妻願意踏入婚姻關係，當時一定不會有離婚的念頭，只是為何最終會出現離婚的結果？我相信一定有千百個理由。**其實婚姻得以維持，需要雙方不斷的學習和成長。**了解對方也是很重要的，始終男女有別。到底作為妻子又可以怎樣了解丈夫？有什麼行為要在丈夫面前避免的？

1 在丈夫面前不要把他與別的男人比較

男性最重要是感到被尊重，若把自己的丈夫與別的男人比較，無論內容是誰較優勝，也會令丈夫感到不被尊重。重點不是不能給丈夫意見，而是不要拿其他男人來比較。

2 在丈夫面前稱讚同桌的男人

這是上一點的引伸，這是更危險的行為，因為可以使丈夫內心受很大的傷害。我不會否定有時候這是一種謙卑行為，但是也要看當時的環境和心情，這種心靈傷害不容易被醫治。

3 在丈夫面前只看重自己的成就

夫妻是二人為一體，理應不會比較。只是人始終是人，

內心難免也會有各方面的比較，特別是丈夫正在面對低潮的時候，身為妻子就更要小心。

4 在丈夫面前只與別的男人交談

這也是要很小心。男性並不一定那麼大方，自信心也不一定很強。另一方面，這也會造成丈夫被忽略，很容易讓丈夫傾向別的異性。

5 在丈夫面前不要只認為丈夫應該體諒自己

要知道夫妻是互相擁有對方，有「彼此」的關係。所以妻子不能單方面只求丈夫體諒說：「你應該明白我。」卻從來不去體諒對方的心情。

當然，每一個行動或許都可以帶來辯論說：「為何會有如此的表現？」始終一樣米養百樣人，我提出這幾點，或許只能給予妻子們作一些參考。

其實婚姻得以維持，
需要雙方不斷的學習和成長。

丈夫在妻子身上必做的

五件事

　　夫妻理應是很合拍，為何現今會有那麼多的離婚個案？我相信就是因為夫妻沒想到結婚需要迎來很多適應的問題，加上不想作出任何讓步，雙方就很容易各行各路。不過，**要能得到美滿的婚姻必須要懂得付出，愛也必須要有行動**，就讓丈夫先付出，在妻子身上做以下五件事：

1 幫忙做家務

　　在傳統的「男主外，女主內」觀念下，家務是為人妻子的責任，只是這個年代已經有所改變，特別是夫妻都要工作的情況下，丈夫更不可能逃避承擔家務的責任。當然，最重要的是有心，有心幫忙才能持久。所謂「相敬如賓」就是說無論有多深的關係，哪怕妻子只是為自己倒一杯茶，對她說一聲「謝謝」也是必須的，更不能看輕，這也是增進感情重要的一步。

2 陪伴逛商場

　　很多時候進入商場，夫妻二人就會各自到自己有興趣的地方，好像參加旅行團，約好時間再見面。以我的經驗而言，若想知道妻子的心頭好，就多陪伴妻子逛商場，自然會知道她喜歡的東西。日後若需要買禮物送給妻子，就不需要

煩惱。另外，因為在輕鬆的心情下一起逛商場，也會是很好的溝通時間，更深入的了解彼此。

3 聆聽她的需要

我為何不說「了解」，而說「聆聽」？男人其中一個特性就是喜歡「解決問題」。很多時候，妻子下班回家，常常會因工作不順說一些埋怨話，丈夫為了解決問題，就很快就回應說：「那就辭職吧！」其實，妻子並不是這個意思，她可能只想得到丈夫的體諒而已。所以，丈夫要懂得「聆聽」，才能幫助妻子。

4 共同尋夢想

無論結婚多久，夫妻共同尋找夢想是很重要。丈夫或許以為是一家之主，大事就必須做決定。不過，若在未來的日子，能與妻子一起尋找夢想，婚姻一定能更美滿。

我與師母在結婚二十五年時，定立一個目標，就是夫妻求問上帝未來的夢想。上帝的回應就是要找一些共同事奉的機會。也因上帝的回應，我們受感動一起主領有關「婚姻」為主題的聚會，就這樣被上帝「使用」過了十七年。這是上帝的恩典和帶領，上帝的恩典夠用。

妻子在丈夫身上必做的

五件事

　　夫妻關係的破裂絕對不會是單方面造成，很多時候在婚姻輔導過程中，看到的都是指摘對方的不是，我不期然會想：為何你們不早點向對方說？其實，**只要坦誠的分享，就可以避免悲劇的發生。**

　　因着夫妻都需要付出，妻子在丈夫身上必須做的是以下五件事：

1 了解

　　雖說現今世代都是「公一份，婆一份」。只是在傳統觀念下，若家庭有需要，始終是妻子離開工作。在要承擔「一頭家」的壓力下，工作上丈夫對自己的要求一定比較高，因為他們認為男人不能失去工作。所以，妻子不要覺得自己工作壓力與丈夫所面對的壓力是一樣，也不要常說：「為何結婚前不是這樣？」因為很多時候男性面對婚後的壓力是比女性大！

2 體諒

　　了解後必須要有行動，最基本是體諒。有時候，男性比較傾向承擔，不想把擔子加諸在妻子身上，加上男性天性比

較少說話，很多時候會把擔子放在自己心中。妻子這時需要體諒，也要在適當時間幫助丈夫分享內心的需要。

3 信任

當妻子開始不信任丈夫，就會找不同的藉口懷疑丈夫做了一些不忠的行為，例如：「為何不告訴我跟誰午餐？」、「為何不接我打的電話？」等等。

4 陪伴

陪伴是很重要的，除了要找「二人世界」的機會，更重要是相處的時候不要各自看自己的手機。手機帶來方便，卻也很容易成為婚姻的「第三者」。相處的時候最重要是「presence」。

5 敬重

傳統男性需要被尊重，《聖經》也很清楚地說：「男人要敬重。」「敬重」最簡單的意思就是尊重、重視對方。所以，妻子需要「敬重和重視」丈夫。其實，在講求男女平等的今天，不是應該彼此敬重嗎？不過，我相信若妻子能先敬重丈夫，丈夫一定會更愛妻子。

建立夫妻關係的關鍵是不要執著誰先主動，**我相信主動的一方一定是最終得意的一方。**

男人對妻子做的

五種浪漫行為

男人，在女性的角度總覺得不太懂得浪漫，特別上一代的男士，根本不會記得女方的生日。結婚周年更不可能去慶祝，除非是「金婚」。到我這一代，可能因不同的家庭背景，就會有不同的情況出現。好像我是在比較傳統的小康之家成長，家裏從來沒有慶祝生日，而師母的成長過程比較開放，她的家人都會牢牢記住每一個小孩的生日。

不過，要學習讓異性感到浪漫並不太困難，只要記得以下五個浪漫行為，就能贏得異性的稱讚。包括：

1 適當的時候送花

對於已經結婚的男士來說，送花基本上是非常不實際，這種想法是很真實。不過，偶爾為之卻是非常的重要。最好是出乎妻子意料之外的情況。例如在某個不是公眾假期，雙方都要上班，晚上才慶祝的日子，把花送到她的辦公室。她可能口說浪費，但心中一定感到很甜蜜。

2 知道對方需要什麼

有時候，結婚愈久，就愈不知道買什麼給妻子？其實，要知道妻子的需要並不困難，最簡單的是常常一起逛街，留

意她喜歡停留在哪一間店，或看哪一些貨品。回家看看她是否缺些什麼？有時候，她需要的不一定是貴價的東西，「心」更重要。

3 走路的時候輕輕拖她的手

很多時候看到夫妻在路上都是各自各走，其實，輕輕的拖她的手，也是非常浪漫的。

4 回家輕吻她的臉

對於年輕一代的夫妻這並不會很難。我要提醒的是一些老夫老妻。回家輕吻足以讓妻子感到一份浪漫的愛。

5 幫忙做家務

不要以為浪漫一定是送禮或輕吻。回家願意幫忙承擔家務，對妻子來說，也是浪漫的行為之一，因為知道對方體會自己的辛勞。

當然，最重要是每一個行為必須發自內心，因為單靠表面功夫，不會持久。**浪漫不只是一刻，而是持續的成長。**

讓丈夫能表達心事的

五個方法

妻子最常投訴丈夫不肯說話,這也成為夫妻溝通上的阻攔,甚至成為離婚的原因。其實,丈夫並不是不想說話,只是不知道從何開始。要讓夫妻有美好的溝通,先不要彼此指摘,嘗試學習以下的五個方法:

1 適當的表達自己

有調查指出女生每天要說二萬個字,男生只說七千字。換言之,女生普遍說話的次數比男生多。這結果到底是先天性抑或後天?坊間常常提到男女大不同,這是否其中一項的不同?我認為不一定,假如妻子不停地說話,丈夫想說也沒有機會。所以,**妻子應在說話的時候給予些空間,使丈夫可以「插嘴」表達一下他們的意見。**

2 知道丈夫所好的話題

夫妻不一定有很多共同興趣,妻子只要以丈夫有興趣的話題為插入點,讓丈夫知道自己不只是記掛自身或子女的事,也知道他所好的話題,這可以慢慢的打開他的心。

3 不要先否定

當丈夫在說話的時候，特別在大庭廣眾下，不要立即否定，寧可等他說完後，過一些時間，在單獨相處的時候才給予意見。

4 要有耐心

改變男性有時候是比較困難，有時你的關心會被誤會。所以，一定不能氣餒，給予丈夫一個機會。

5 成為記者

這與上一點是有所關係，所指的就是要好像記者般，**問一些引導性的問題**，使丈夫在沒有壓力下回應，對方就漸漸的會喜歡分享心底話。

中國人說：「江山易改，本性難移。」我的問題是男人不喜歡說話是否「本性」？無論如何，能改變丈夫的人理應是妻子。這就是我親身的經歷，就是因太太實踐以上五點，讓我很自然的分享心中的話。

要讓夫妻有美好的溝通，
先不要彼此指摘。

送合適禮物給愛人的

五個秘訣

男女其中一個不同，就是女性比較看重一些重要日子，例如「情人節」、「生日」、「約會紀念日」和「結婚紀念日」。雖說，給女性買禮物比較容易，只是一年要買幾份不同的禮物，加上年年都要，真的會費盡心思，如果買了得不到對方欣賞，好像是「白費功夫」。怎樣買合適的禮物？有以下五個秘訣：

1 多陪伴（Here）

陪伴是很好的禮物，寶貴的時間花在彼此身上，是珍惜對方的表現。陪伴可以是吃一頓飯，看一場戲，做運動或郊遊，也可以是逛商場，一同購物，有商有量，還可以知道對方的喜好。

2 多聆聽（Ear）

有時候，只要留心聽，就會發覺對方想要或想吃什麼，因為對方會從對話中透露出想要的東西。

3 多欣賞（Admire）

我要強調，這裏不是指隨便，反而是要真誠的欣賞。我總覺得只要有欣賞的心，就一定能看到對方的優點，能多欣

賞，送的禮物是什麼已經是次要。

4 多推理（Reasoning）

要知道人是不斷地改變。換言之，每一年的需要可能不一樣。好好運用上面三點，有時候按着一方給的禮物線索，多方推測推敲，就可以知道對方想要的禮物。

5 多留意（Watching）

為何我把這一點放在最後，因為這一點只有夫妻才可以做得到。夫妻每一天都生活在一起，除了工作或應酬之外，夫妻見面的時間一定會比其他人多。因此不知對方的需要，原因就是不留意觀察！**很多時候在家裏他們就會不自覺地把需要說出來，所以只要多留意配偶，就能知道對方想要什麼。**

我能夠給予上述意見，是因為經過好幾年的學習。各位丈夫，記得嘗試上面的任何一點，或許已經有驚喜。若不斷操練，買禮物給配偶絕不是一件難事。

維繫夫妻關係的

個秘訣

　　為何這個世代會有那麼多的離婚個案？為何在自由戀愛下更不容易維繫婚姻關係？要享受一生一世的婚姻，踏入婚姻前必須要清楚以下五個維繫關係的秘訣：

1 人並不完美

　　約會的時候，很容易看到對方的優點，這也是無可厚非。然而，「相見好，同住難」，婚後雙方都會很自然看到對方的弱點，再加上「人很容易看到對方的刺，卻看不到自己眼中的樑木」，就會很容易說：「你從前都不是這樣。」要知道世界上沒有一個十全十美的人，若能接納這一點，也就可以為對方的弱點禱告，神一定會按祂認為最好的給予我們。

2 說一聲「多謝」

　　結婚愈久，愈容易忘記基本的禮節。其實，相敬如賓可以在夫妻關係上實踐，那怕只是配偶為你遞上一件衣服，說一聲「多謝」就能夠令夫妻關係變得更緊密，若願意給予一個親吻更好。

3 退一步海闊天空

　　夫妻不可能沒有爭拗，問題是誰願意先退一步？不同的情況會有不同的答案。不過，始終各執一詞只會帶來更大的傷害。最近廣告不是說：「贏了一場交，輸了一個家」就是這個道理。有時候，先退一步，給予「海闊天空」的空間，才能知道誰「是」誰「非」？

4 「愛」是永不止息

　　愛是踏進婚姻的最基本條件。為何婚後卻失去這一份愛？很簡單，**因為愛就是一種操練，愛不可能說「夠」**。很多夫妻可能時常比較誰付出更多的愛，但這不是一種比較，而是一種成長。

5 學無止境

　　中國人說：「做到老，學到老」，**夫妻需要不斷學習如何維繫關係**。就像我們從小到大最常聽的「龜兔賽跑」中的龜一樣，每一天都在「走」，一定會到達終點。一生一世的婚姻不就是如此嗎？

　　讓我們不斷為自己的婚姻禱告，讓神介入，因為「神就是愛」，當有「愛」在家中，就會有一生一世的婚姻關係。

夫妻能白頭偕老應有的

五種行為

雖然從小與父親關係並不是很親密，但是父親對母親的那一份無微不至的照顧，深深刻進我的腦海。另外，在加拿大結婚後，因要準備往台灣宣教，有兩個月時間住在一對退休宣教士的家中，也看到那位丈夫怎樣對待身體有毛病的妻子，讓我體會到，夫妻能「白頭到老」的因素並不會因文化差異而有所不同，卻有以下五個共通點：

1 以禮相待

要知道不能因結婚久了就以為可以理所當然。其實接受幫忙，那怕只是送上一杯水，說一聲「謝謝」都能給予對方一種舒服的感覺。若有所犯錯，哪怕只是遲到，說一聲「對不起」，就可以緩和氣氛。

2 聆聽心聲

夫妻溝通很容易只聽到對方表面所說的話，但若能仔細地聽和看對方的表情，就能聽到他們心裏的感受，知道對方真正的需要。

3 說話溫柔

說話的聲音並不是最重要，重要是說話的態度。希臘學

者范恩（W.E. Vine）則說，《聖經》中所提出的溫柔是對上帝的一種態度，「是我們接受上帝對我們的安排，知道那是美好的，因此我們並不爭論，也不抗拒。」當我們知道婚姻是神所配合，**無論何種情況，也應以溫柔回應，才能解決問題**。

4 尊重對方

中國人說的「相敬如賓」，意思就是要敬重對方，夫妻可能會有不同的位份，但雙方應該是平等。

5 給予照護

在教會中結婚，牧師一定會帶領雙方立下盟誓，就是無論在任何環境下都要愛對方，愛是需要有行動。這也沒有年齡之分，只是在年長的夫妻身上而言可以說更為重要，因為無論是走路或身體不適，對方必然要給予照顧。

我從父母和那一對西方宣教士身上，都看到這五個共通點，他們婚姻的第六個共通點，就是「白頭偕老」。

減少夫妻誤會的

五個溝通秘訣

為何人與人之間會有那麼多誤會？甚至夫妻之間也很容易因對方所說的話而受到傷害。到底如何可以減少誤會？

1 三思後言

夫妻偶爾講笑是無傷大雅，只是在不適當的時候卻要多加小心。另外，**一定不要出口便提及「離婚」兩個字**。因為，我們以為只是「說說而已」，很容易說多了便「成真」。

2 懂得聆聽

不要以為只有耳朵是「聆聽」的唯一器官。真正的聆聽除了「耳到」之外，還要「眼到」、「心到」和「靈到」。因為一句話在不同的環境、語調、表情等都會有不同的演繹。

3 了解清楚

當聽了一句話卻不知道真正的意思，寧可找適當的時間了解清楚。千萬不要放在心裏，以為時間可以沖淡一切，因**為很多誤會就是從一個小誤會開始**。

4 彼此信任

夫妻最需要就是信任。當然，信任需要時間。要知道沒

有一個完美的人。當配偶做了一些錯事，寬恕是很重要的第一步。若沒有寬恕，就不可能有信任。彼此信任很重要。

5 男女有別

要知道男女在處理事情和溝通方式上真的不一樣，所以，不妨嘗試**以對方的立場來思考**，也就能減少誤會。

當然，要實行以上五點都需要操練。婚姻之所以能一生一世，除了要不斷地培養夫妻關係，雙方都需要付出一切才能達到理想中的「白頭偕老」。

真正的聆聽除了「耳到」之外，還要「眼到」、「心到」和「靈到」。

處理爭吵的 五個方法

　　人與人之間難免有意見不合的時候，若處理得不好，就會產生積怨，久而久之，就可能出現仇恨。這種情況可以出現在朋友和家人之間，可以怎樣處理？《聖經》曾提到恨人與殺人是沒有分別。所以，**不是逃避爭吵，而是處理爭吵**，以下有五個建議：

1 停一停

　　面對爭吵的一刻，一定會短暫的失去理性，這也是所謂的「當局者迷」。停一停就是嘗試變成「旁觀者」，從另外一個角度來探討解決的方法。

2 看一看

　　這是很重要，就是看看現況是否適合繼續吵下去，抑或找另一個時機再談。這不是一走了之，可以說：「現在我的狀況沒辦法心平氣和跟你講話，等我一個小時後再回來跟你談。」

3 聽一聽

　　吵架的時候只會說對方的不是，卻不會聽對方的論點，甚至有時候對話一開始已經有偏見，這絕不可能找到解決問

題的方法。所以,要懂得聆聽對方所說的話,才可以處理矛盾。

 說一說

不要認定誰對誰錯,一開口就指摘對方。我建議以指出彼此的不同代替指摘,說出對對方的感受和需求,也讓對方談談他的想法,以及雙方對夫妻關係的期望。接着進一步溝通,想要達成怎樣的關係,討論你們願意採取的行動。

5 忍一忍

當遇上真的不能解決爭執的時候,一定要找外人幫忙。不過,這個外人一定要是雙方都能接納和信任的人。

我不是鼓勵吵架,只是**夫妻不可能永遠不吵架,重要是懂得從吵架之中認識對方多一點**,吵一個好架能增進感情,夫妻關係可以更進深。

雙職夫妻怎樣
協調家務？

　　傳統的家庭，教養兒女的責任都比較多放在母親身上。只是時代正在改變，雙職母親的數字也不斷的上升。按二〇一八年的政府數據，一九九七年至二〇一八年間，香港的整體工作人口累計增加了 567,000 人，當中高達九成都是女性，帶動她們在整體工作人口的比例由 37% 躍升至 45%。我相信當中的雙職母親也不少。從數字上，女性投入職場的數字正正可以彌補退休的男性，在人力市場內可以說是好消息。

　　聽到有些妻子分享，丈夫回到家就只會躺在沙發，打開電視卻在閉目養神，對於妻子在煮飯、照顧小孩卻好像完全看不到。按女青在二〇二〇年十月的研究，特別是雙職母親，因為工作、家務和疫情的影響，逾八成受訪女士明言自己因家庭工作壓力而感到個人空間和時間減少、出現身體及精神疲累等問題。52.6% 受訪女士表示自己每天睡眠時間只有五至六小時，29.2% 女士更因壓力，需要服用醫生處方藥物。

　　隨着女性投入職場，加上傳統「女主內」的觀念，導致雙職女性面對巨大的壓力也是可以理解。當然，針無兩頭利，夫妻怎樣去面對這趨勢，達至「雙贏」？我相信丈夫一定要有以下三方面的改進：

　　欣賞（Appreciation）：或許要將傳統「男主外，女主內」的觀念完全消失是不可能。只是身為丈夫，**重要是學習欣賞妻子所付出的一切**，我強調的不是不能給予意見，只是

一聲「謝謝，你辛苦了」，或說「你所做的菜真合我口味」，甚至說「我可以在哪方面幫忙」已經給予妻子很大程度的鼓勵。

諒解（Compassion）：人在忙碌的時候，所做的事情一定不會十全十美，而追求完美往往給予人很大的壓力。所以，完美主義者只會帶給自己更大的壓力。特別是家務，怎樣才是完美完全是個人的看法。忙中有錯是很自然，身為丈夫，**千萬不要對妻子所做的說三道四，自己卻遊手好閒**。多諒解，才能增進夫妻感情。

分工（Team Work）：女青的調查中發現，逾八成家務項目上，多數男士雖說期望做到「男女各半分工」，但事實最終幾乎都由女士負責，言行並不一致。如「煮食」方面，有 67% 受訪者坦言，工作最終由另一半負責；真正付諸實行的只有不足兩成；至於加入家長社交群組，逾七成受訪男士承認，最終由雙職太太負責。在此勸告丈夫們，若一開始與妻子協議做到男女各半分工，此後記得要**言行一致**。

以上三方面改進方法的英文第一個字母連起來就是ACT，即是「動作」。我只能提醒每一位丈夫拿出「說了，就要承擔」的勇氣，與妻子分擔家務，一定要「說得出，做得到」。

夫妻重建信任的

 五 個秘訣

　　每一對夫妻要離婚收場一定有原因，而我在處理婚姻問題時發現離婚的原因**不一定是夫妻之間有很嚴峻的問題，反而是一直相處下來積聚很多長期沒有處理的小問題。**當然，我並不否定，各種小事累積起來很可能會引發一次嚴峻的問題，就成為離婚的原因。我只是反思，就算真的發生嚴峻的問題而對對方失去信心，就一定要離婚嗎？仔細的想想，夫妻離婚絕不可能只是單方面的錯，我相信雙方都一定會有錯，以下五個秘訣或可以重建夫妻間的信心。

I.　認為自己是「受害者」

1　**肯定離婚不是解決方法**

　　面對對方的不忠，「離婚」這兩個字很容易衝口而出，很多時候，因把它說了出口，為了面子就很容易會實現，甚至因說多了「離婚」，這兩個字深深印在腦袋，在面對爭拗之時，就很容易會離婚收場。可是，離婚並不是唯一的解決方法，更不是最好的方法。

2　**不要翻舊帳**

　　夫妻之間一定會吵架，只是吵架一定不要翻舊帳，否則

只會把每次吵架的原因都積聚起來，就不可能真正解決問題。

3 不要疑心

中國人說：「一朝被蛇咬，十年怕草繩。」要減少疑心實在是不容易。只是不放下疑心，夫妻之間就會失去信任。我們都很怕若自己退一步，就讓對方進一步。只是若大家都不願意退一步，根本不可能解決問題。

II. 認為自己是「當事人」

4 以「愛」來表示真誠的悔改

當知道自己真的有錯，就必須以「愛」和「關心」來表示真誠的悔改。要改變對方的觀點實在不容易，若能持續的「愛」對方，一定可以融化對方冰冷的心，重建對自己的信任。

5 以「透明」來表示沒有隱瞞

常常報備自己的行蹤，特別當配偶問及，也會開誠布公，不會隱瞞。只要行為光明正大，就一定能使對方對自己重拾信任。

健康的婚姻在於彼此的信任，若失去信任，就很難延續婚姻。所以，重建信任是最重要。

男性中年危機的

五個徵狀

　　當女性步入中年，有所謂的「更年期」。男性步入中年，或許沒有像女性般在身體起了比較明顯的變化，但出現中年危機是正常現象，一個人到了中年以後，**周遭環境的轉變及生理的變化，都會影響適應生活的能力**。不過，我很喜歡以「危機」來形容中年，因為有「危」才有「機」。

　　過去，都會以年齡來界定「中年」，即是在四十至五十五歲左右。只是年齡不一定作準，因為一般認為中年危機大概會在家庭「上有高堂，下有兒女」和工作「上有老闆，下有員工」的壓力下出現。

　　無論以時間或身分都不能夠完全定義中年危機，反而以徵狀可能會更正確，以下是最為普遍的五個徵狀：

1 注重打扮
　　這是最常見的徵狀，本來不太注重自己外表，突然間會注意自己的髮型、衣著、膚質等。例如逛百貨公司時會愈來愈留意男性香水或皮膚護理等產品。衣服的設計或許沒有女性那麼多花款，但可能會比較喜歡色彩斑斕的衣服。

2 打情罵俏

開始喜歡與女性打情罵俏。哲學家艾倫狄波頓（Alain de Botton）提出：「打情罵俏可是有目標。」而且目標還很崇高。又說：「打情罵俏可以是重要的社交過程，讓我們備感安心。隨意的打情罵俏傳送了信心和自尊。」這極可能是中年男士的心態，就是為了很想知道自己是否仍然對異性有吸引力。

3 體力衰退

有時候會感到睡不好，因此工作上會容易疲倦。運動或夫妻性關係上似乎是力不從心，甚至會很怕生病，認為開始聞到死亡的氣味。

4 憂慮前途

工作上看到很多後輩比自己更有朝氣，認為若自己沒有進步，總會有一天被「後浪」推走。對前途產生憂慮，怕失業，擔心經濟上不能養家。

5 重溫舊夢

很想回到中學階段的日子，特別如果當時有女友，真的很想見見這女友，回憶那一段兩小無猜的時光。

因為有以上的徵狀，中年的婚姻很容易亮起紅燈。怎樣避免？就留待下一篇文章説説。

逃避婚外情的

五個建議

　　當一對新人步入結婚的紅地毯上，心中肯定相信會「白頭偕老，永結同心」，因為現代婚姻絕大部分已經不是盲婚啞嫁，甚至都會經過婚前輔導。只是沒人想過一段時間後或會發現丈夫有婚外情。過去，我們會認為婚外情一定會在丈夫出差，或夫妻分隔兩地時發生。其實，最容易發生的地點卻在辦公室。所以，地點不是發生婚外情的因素，如何逃避才是關鍵，以下是給夫妻的五個建議：

1 坦誠相見

　　很多時候聽到一些丈夫說不敢向妻子說真話，或不想表達意見，因為順着妻子就能保持耳根清靜。另外，也會聽到妻子說她們對丈夫是直說直話，不會轉彎抹角。我相信這是兩個極端。所謂坦誠相見就是應該知道怎樣表達內心的意見，說誠實話很重要，只是怎樣說更重要！

2 避免與異性獨處

　　在工作上不能完全地避免與異性有接觸。但要避免與異性單獨相處，尤其千萬不要選晚上在比較安靜的環境內與異性獨處。

3 不要使孩子成為第三者

夫妻有了孩子之後，特別是妻子，因為天生的母愛，很容易把焦點放在孩子身上，就會冷落了丈夫，這是值得注意的事。

4 逃避試探

無論誰出差，相隔異地，最好分開的日子不要太久。另外，假若真的要出差，不要單獨到酒吧或紅燈區，就算是去看看，也要盡量避免。很多時候以為自己夠定力，反而會失足。

5 夫妻要保持約會

這是很重要的建議，就是夫妻要保持定期的約會，最好是一星期有一次單獨約會，使彼此的關係能成長。

我曾經提到我與師母的口中不會提及「老夫老妻」，因為這會讓夫妻以為婚姻關係已經到達巔峰，不能再有所進步！這是錯誤的想法，夫妻關係的培養是不能停下來。**婚外情發生的機會不會因年齡增加而有所減低，保持夫妻恩愛才是最佳方法。**

保持婆媳美好關係的

五個秘訣

　　傳統觀念中，婆媳相處都會有困難，要改善似乎真的不容易，特別是古時大家庭的生活形態，兩代都會住在一起，因「相見好，同住難」，造成吵吵鬧鬧是司空見慣。很多的資料都會強調媳婦和兒子應如何對待婆婆，可是我相信**「婆婆」也應有責任與媳婦好好相處**。以下有五個「三心兩意」的秘訣可以為婆媳關係帶來轉變：

　　I.　媳婦需要有的三「心」

1 敬重的「心」

　　要知道嫁給丈夫後，傳統上已經把夫家的姓氏放在自己名字前。當然，現今人權高漲，男女平等下或許會有所改變。不過，我相信傳統一定有其價值。同時，要明白婆婆對自己丈夫的成長是功不可沒，甚至她了解你的丈夫比你還要多。若結婚後一下子把婆婆所愛的兒子據為己有，不放婆婆在眼內，婆婆會是多麼的心疼。所以，為人媳婦一定要尊重婆婆。透過你的尊重，或許可以增進夫妻的關係。

2 體諒的「心」

　　特別是比較年長的婆婆，或許會比較囉唆，甚至會給予很多與自己不合的意見，媳婦千萬不要一下子就否定。要知

道中國人說：「家有一老，如有一寶。」就算意見真的不合用，也必須藉溝通來解釋，期望能給予機會使婆婆明白，免生爭執。

𝟹 關愛的「心」

婆婆若失去兒子的照顧，內心會有所失落，也會失去安全感。這個時候若完全不理會婆婆，一定會造成反效果。若能與婆婆一起去旅遊，多一些問安，表達愛意，婆媳關係一定更美好。

II. 婆婆需要有的兩「意」

𝟺 願「意」放手

我相信婆婆需要「放手」，特別只有獨子的家庭，「放手」是不容易。不過，要知道當你能放手，信任媳婦跟你一樣愛你的兒子，她一定會對你更尊重、更愛你。要知道重要的是他們夫妻能有美好的婚姻關係，若因自己不放手，令夫妻間不和睦，可能會帶來嚴重的後果。為何不放手？

𝟻 願「意」接納

自己的女兒結婚後常聽到別人說：「你們家多了一個兒子。」為何婆婆不能接納自己多了一個女兒？當能真心接納媳婦成為家人，就不會斤斤計較。

但願這三「心」兩「意」可以改進婆媳關係，當然，兒子的角色也是很重要，他的一舉一動也會對婆媳關係有所影響，這留待下一篇來分享。

丈夫使婆媳有良好關係的

五個行為

常常聽到說:「假如有一天,與母親和妻子泛舟時遇上風浪,兩人都掉進海裏,只有你一人會游泳,若只能救一人,那你會救母親或是救妻子?」這似乎只是一個假設問題,卻道出婆媳之間的矛盾。當然,打從小時候看電影,都會描述家婆為惡毒、小氣等負面形象,媳婦只能啞忍,丈夫也無能為力。不過,近代平權意識高漲,年輕一代對長輩似乎已沒有如從前那麼尊重。我相信丈夫的以下五樣行為,可以讓婆媳建立美好的關係。(我要強調,我只提到母親因為題目是「婆媳」關係,不是不看重父親的角色。)

1 尊重母親

身為兒子,不能忘記母親十月懷胎和養育之恩,因此,母親必須被尊重。當然,尊重不等於完全聽命於母親,中國人說的「天下無不是的父母」是不對的。所以,在尊重中也需要明辨對與錯。

2 愛護妻子

結為夫妻的條件必須是「彼此相愛」。所以,愛護妻子是維持夫妻關係最基本的條件。同樣,愛不應盲目,當妻子埋怨自己的母親時,一方面要懂得安慰,切記不要火上加

油，也不要完全維護母親。最重要先聆聽、分辨，找出真正問題所在，嘗試找出雙贏的方案。

3 說合宜話

所謂「合宜」的話就是在適當的時間和環境說應該說的話。很多話是應該說，只是「何時」說？這絕對不容易。

4 歸功妻子

母親喜歡自己的兒子是天公地道，而媳婦可以說是一位陌生人。怎樣使自己的母親喜歡她的媳婦？怎樣使妻子在母親心中留下好印象？就只有看丈夫怎樣為妻子說話，我要強調這不是說謊，而是常常提醒妻子母親的喜好，使妻子可以做一些事，讓母親知道媳婦也是尊重她的。

5 成為一體

要知道夫妻是一生一世，中國人對結婚的簡單定義是「成家立室」，也就是丈夫要知道自己已經建立一個新的家庭，要看重自己的家庭，丈夫必須「離開」自己本來的家，進入一個新的家。對我來說，在建立中更重要是保護。

要知道**結婚不只是兩個人的事，而是兩個家庭的事**。這也是為何結婚前必須要強調不只是二人世界，更多了解對方家人也是很重要。

怎樣建立和諧家庭（二）：
家人的關係

中國人會說：「家和萬事興。」意思是家庭最重要是保持和諧，這樣才可以享受興盛的結果。

中國人很強調家庭觀念，這可以說是很合乎《聖經》原則。當神以六天創造天地，第七天定為安息日後，神在這一片大地所訂定的第一個制度，就是「一夫一妻」的家庭制度，也是因為這制度，人類才可以延續到今天。不過，也是因為第一對夫妻沒有順服神的命令，看到家庭出現了很多困難，包括：兄弟相殘、爭寵、欺騙和亂倫等。最普遍是看到已經離開「一夫一妻」的制度，以為這是很正常，其實離開這重要的制度，可以說造成更多的家庭問題。

家庭是人的組合，人本身已經是很複雜的動物，若多人在同一屋簷下，可以想像會帶來更多的問題。怎樣才能建立和諧家庭？讓我們從促進家人的關係談談：

1 彼此了解

夫妻可以說已經是最親密的兩個人，只是要彼此了解也需要多方面的溝通，更何況家庭中有上一代和下一代。很明顯不同年代出生的人都會有不同的思想，要彼此了解會增加難度。但這不等於不需要去學習。坊間無論是書籍或講座，都有很多解決這問題的教導，**多聆聽、多實踐，能減少誤會，家庭也會趨向和諧。**

2 彼此接納

從了解到接納是一個過程，知道對方是怎樣的人，更

需要是接納對方是這樣的人。這不是說人不能改變，因為《聖經》提到人可以「心意更新而變化」。但是，改變需要時間，**若不能先接納，很容易彼此排斥**，怎能建立和諧的關係？所以，必須先接納，對有信仰者來說，可以為對方禱告，求神改變對方，自己也願意被神改變。

3 彼此寬恕

從了解到接納的過程中需要寬恕，因為人與人之間很容易產生誤會，很多時候，誤會是有理說不清，**只能藉寬恕得以回復人與人之間的關係**。

這是很重要的基礎，當有穩固的基礎，才能建造穩固的和諧家庭。我只願每個家庭中的成員學習這三點，為建立和諧家庭踏出第一步。

「如果愛」

十 句

1　如果愛，就**不會頻頻低頭**，看着手機，跟友人聊天，讓所愛的仰天望地，讓彼此難得相處的時間和空間，付諸瀏覽器之中。

2　如果愛，就**不會計較**。誰先讓步，誰先作主，因為愛裏沒有計較，也不會頻翻舊賬。因為誰對誰錯，過去就是過去，何必耿耿於懷。

3　如果愛，就**不會各執一詞**。總覺得對方不明白自己，不接納自己的觀點，因為尊重，會從對方的角度看事情，甚至多想想對方的苦衷。

4　如果愛，就**不會死性不改**。總覺得我就是這樣生活，就是這樣看待事情，因為真愛，會願意改變生活方式，改變說話口吻，改變看事物的角度……說穿了，就是願意改變自己。

5　如果愛，就**願意等待**。對方不情不願，就耐心等候，直到對方點頭。

6 　如果愛，就**願意聆聽**。聽到對方的想法，甚至那些不容易說出口的渴望。

7 　如果愛，就**願意行動**。為對方多走一里路，多付出時間心力，多表達關懷照顧。

8 　如果愛，就會**愛屋及烏**。對方的家人朋友，都願意投入接觸，樂意融入彼此的圈子。

9 　如果愛，就會**堅守承諾**。無論疾病困苦，悲歡哀樂，都不離不棄，一生一世。

10 　如果愛，就會**緊密與愛的源頭連結**，求祂給我們洞見，看到自己的缺失與不足，然後尋求聖靈的更新與改變；也求祂給我們忍耐與包容，接納對方暫未能改變的；更重要的，是求那愛的源頭給我們智慧，去分辨兩者，接納對方。

愛，要説出口

一談到夫妻之間的親密相處，就會聽到這樣的對話：

「我們已經老夫老妻了，不用講什麼『我愛你』這些肉麻的話。那是『拍拖』時候才說的。」

是嗎？如果有天，你在生日那天，收到老公送來的鮮花一束，還加上一句「我愛你老婆，生日快樂」的卡片，身邊的友人拍掌欽羨之際，你難道真的一點開心都沒有嗎？

當然不會，因為我曾試過。坦白說，我也曾是那類口口聲聲說送禮、鮮花甚至情話也免了的人，我以為自己不再年輕也不愛聽。然後某年生日，竟在意料之外的情況下，收到老公細心安排送來的花束為禮，竟讓我喜不自禁。

還記得那天，我是在電台做節目，門口的叔叔突然遞來鮮花一束，主持人以為是「粉絲」送花，怎曉得在開咪念出附送的卡片上的字句時，竟是那句肉麻到痹的「老婆我愛你」！當我看到旁邊兩位主持帶着羨慕的眼神看着我的那刻，真的「甜到入心」。

不錯，很多人覺得情話是情侶之間的話，做了夫妻就不用多說，大家心照。

不！

試問有誰不愛聽甜言蜜語？有誰不想所愛的給自己多一

點鼓勵和支持？有誰會嫌「好話」多餘？

我們總以為，情話就是那些「肉麻的説話」。不，曾問過不少夫妻，他們列出以下一些「情」話，大家不妨讀讀：

當配偶沒有把握踏進新領域時，跟他説：「**我相信你得！**」

當配偶感覺孤獨無助時，抱着他跟他説：「**無論怎樣，我都支持你，也嘗試明白你。**」

當配偶升職加薪被嘉許時，一定要告訴他：「**我以你為傲！**」

當雙方衝突劍拔弩張的當下，一句：「**對不起，剛才衝動説了不該出口的話！**」

愛，不能藏在心裏。無論結婚多久，還是要試試説出口。

磨合：有磨才有合

已經不止一次，聽到不同的她這樣說：「他怎麼婚前跟婚後是兩個人似的？跟我期望相差好遠啊！」

那麼你的期望是？她答道：「拍拖時溫柔體貼，照顧周到。婚後就老說自己工作忙，對我愛理不理。」

如果我們天真地以為，結婚就是找到一位「對」的人（對準自己的脾性口味），婚後更是無條件配合咱們期望的，那就是對婚姻的誤解。

一段持久的婚姻，是需要兩個人彼此磨合，不是單方面的。說坦白點，只是不斷要求對方改變來遷就自己，「一陣子」可以，但「一生一世」都是如此，誰也會覺得累跟吃不消啊！

婚姻中的所謂「磨合」，是彼此深深明白一段持久的婚姻關係，需要共同努力經營。我認識很多恩愛的夫妻，大家的個性可能是南轅北轍的。像她跟他，一個愛整潔，一個愛凌亂。結婚初期，兩口子就為了「執屋」問題吵了好幾次，後來學懂遷就，給彼此一些空間。如太太不會執拾老公的書桌，還他凌亂的自由，老公也盡量將客廳收拾整齊。最重要的，是雙方認同這個家是需要大家同心合意建立，不要因為一隻沒放好的碗、一張沒收拾好的書桌就大發脾氣，因為一點都不值得。

能夠磨合的夫妻，你會發現結婚多年後，兩個人的個性

品味都變得愈來愈相近。磨合的藝術，在於懂得進退，如發現對方所做的跟自己期望不符，不妨退三步先從對方角度想想，像她終於明白老公凌亂的個性是受老爺影響，也為此多一分體諒。

所謂夫妻間的磨合，就是**將彼此的稜角透過衝突和誤會，逐漸磨平磨順**。這樣的結合，才是經得起時間與逆境的考驗。

面對深愛的人

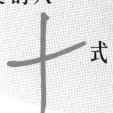

十式

1　深愛的人在身邊卻不聞不問，旁人看到會**搖頭嘆息**。

2　深愛的人走了才發覺對方的美好，那叫**可惜**。

3　深愛的人犯錯卻不指正，那是**姑息**。

4　深愛的人明明健在卻怕失去而苦苦纏迫，會讓人**窒息**。

5　深愛的人反面不念舊情，從此各走各路，各不相干，便為**心息**。

6　深愛的人早已冷漠疏離，卻仍將過去的回憶珍藏難捨，是**愛惜**。

7　深愛的人走上歪路，屢勸屢不聽，仍看見對方的良善，那是**憐惜**。

8　明白深愛的人的需要，每天噓寒問暖，是為**顧惜**。

9 明白時日無多，看重每一次相聚，重視每一刻的傾心吐意，那是**珍惜**。

10 面對離棄背叛仍不離不棄，凡事包容，相信盼望，就是**永不止息**的愛。

看重每一次相聚，
重視每一刻的傾心吐意，
那是珍惜。

累，就會出事

這天，他帶着疲累的身心回家。妻子開了門，他二話不說，就往沙發倒頭大睡。

「你不見到我忙到一頭煙，你竟然回來連招呼也不打一個就往沙發大睡，哼！」他睜開眼睛，瞄了她一眼，繼續睡。

「你怎麼這樣不理不睬⋯⋯」她實在忍不住了⋯⋯

見過不少夫妻，**開始衝突的原因，都是很瑣碎的**。更多時候，是因為一個字：累。

老公上班一整天，感覺疲累。當家庭主婦的老婆也是一樣，每天要兼顧的事情多着：一會兒要接送阿仔上學放學，一會兒又接到奶奶電話說要幫她張羅什麼，等下又聽到娘家那邊有要求等等，一整天下來，不累才怪。

所以，當丈夫回家，兩個「累」人碰在一塊，不動肝火才怪。因為雙方已被疲累打擾了情緒，很容易因一句話，一個眼神，就觸發軒然「大架」。

所以，首先要解決的，就是如何表達「累」。

若先生回家感覺到「累」，可以跟太太說聲「我很累，先閉目養神一下再談！」又或者，太太看看先生無精打采的樣子，就請他「小休」一下，寧可遲點吃晚飯。

　　我試過這樣勸說後，卻聽到如此回應：「那他為何不能先體諒我？」

　　「若想他能幫忙也要他夠精神啊，是嗎？」沒想到，她居然點頭稱是。

　　其實，一人少一句，事情就很容易解決。不過最根本的，還是要保持睡眠充足。如彼此試試能否改變每天的習慣，如少看一些手機（已可騰出不少時間），提早半小時上牀睡覺，或下午小睡等等，讓大家養足精神面對晚上連串的家事。

　　總之，人一累，就會脾氣差；脾氣差，就會看什麼都不順眼，特別是身邊深愛的人！小心啊！

復合不易需要堅持：
給復合的你倆

　　這天無意中在臉書上看到你倆牽着手的合照。好一句「感謝多年包容忍耐支持」，看得我熱淚盈眶。還記得那天，你坐在我面前，邊哭訴邊捶胸頓足説：「我對他那麼好，他怎可以做出這樣對不起我的事！」那股難以言喻的憤恨都寫在臉上。

　　「那你仍愛他嗎？想他回到你身邊嗎？」問到這一句，你態度軟化了，默默地點頭。

　　「如果是這樣，就要改變對他的態度！」

　　「什麼？你要求我原諒他嗎？哪有這樣便宜……他有外遇無所謂，都是對的，是嗎？」

　　我的意思是夫妻關係瀕臨破裂，需要的是「換另一種方式」的對待，**需要的是縫補，而非不斷的指摘以致關係再度撕裂**。

　　「試想想，第三者有極大吸引力，但回到家中，老公只感受到你對他的不信任、責罵，這種推力只會將他推出家門啊！」不知怎的，你很有耐心地聽着。改天回來，你告訴我，學習溫柔地對待、耐心地聆聽，還有細心的關懷，讓他回到家裏有種「被愛護照顧」的溫暖。

　　就是這樣，每天一點關懷，每天一點愛，那個自以為被愛情沖昏了頭腦的他，就這樣回到你身邊。

「他是個好男人來的！」對啊，就是因為他的好，身邊的異性都看得見。更慶幸的是，你**重新發掘他的優點、他的好，而不是每天搜羅「婚外情」的證據，讓他百辭莫辯。**

還記得那個下午你牽着他的手，兩口子開心地告訴我：「雨過天晴，我們又在一起了！」聽着他娓娓道來「回家」的故事，你含情脈脈凝望着他的眼神，至今仍歷歷在目。

更沒想到，眨眼間已過了十多年，你們對彼此的愛顧有增無減。看着你倆牽手的合照，讓我更相信只要有愛，復合總是有望的。

讓婚姻保鮮的

十 個點子

1 每天早上起來，微笑跟他**說聲早**。

2 每天抽一段時間，跟配偶**聊天**。

3 每天發信息**問候**，表達對彼此的掛念。

4 **投其所好**了解對方所熱衷的，讓自己也受感染。

5 每周安排一項彼此享受的**玩樂**，讓身心得以鬆弛。

6 碰到難處時，學習如何跟對方**分擔**。

7 **接納**彼此都會有情緒低落的時候，就讓對方歇歇，容後再談。

8 別將對方為自己所做的視為理所當然，要表達**感激**。

9 碰到衝突時，要懂得喊停及禁止舌頭說會**後悔**的話。

10 每天為配偶**禱告**，求主讓我們活出祂美好的配搭。

接納彼此都會有情緒低落的時候，
就讓對方歇歇，容後再談。

家是避風港

多少年前讀過一篇文章，是一位考進常春藤大學的兒子，跟父親的對話。那一幕是父親跟兒子在校園漫步，父親問了這樣的一個問題：「為什麼你能自動自覺念書，完全不用我們操心，還可以考進這所夢寐以求的大學？」

「因為你跟媽媽很恩愛，讓我可以全情投入學習，不用像身邊的同學般，天天在擔心父母會否有天離婚。」

這個故事至今仍縈繞心間。我從事親子教育工作十多年，一直發覺**父母美滿的婚姻關係，是孩子最安穩的一個避風港**。那恩愛的夫妻又有何特徵？以下是一些觀察：

相似相近

就算兩個人有多南轅北轍，經過時日琢磨，會愈走愈近，脾性甚至身體語言、小動作等，也會有點近似。這就是人說的「夫妻相」。當然，開始的時候可以穿情侶裝以示親近（哈哈，我跟老公至今仍愛穿情侶裝），但更重要的是培養共同興趣和嗜好，大家便會愈走愈近。

相敬如賓

恩愛的夫妻懂得以禮相待，回家打招呼、向倒茶給自己的配偶說「唔該」、收到禮物說「謝謝」，每天跟對方說晚安早安等等，這些看似小事卻是處處向配偶表達尊重和敬意的舉動。

牽手同行

看過一個調查說，走路時牽手的夫妻對婚姻幸福的感覺，遠比那些「一前一後」走的夫妻強。我是深信不疑的，既是恩愛，一定會肩並肩手牽手走到白頭，哪會一個爭先一個留後的？

鼓勵欣賞

夫妻關係的親密度與為對方改變的最大動力，來自彼此的鼓勵欣賞。試想想，誰會因為天天被人挑剔指罵而改變的？但適量的鼓勵，卻是人願意改變自我的最大原動力啊！

我更深深相信，恩愛是可以透過夫妻共同努力達至的。

婚姻溫度計

試過用創意的方式去問一些夫妻，看看他們的婚姻狀況。比方説，問他們會用以下哪種水果來形容自己的婚姻：蘋果、榴槤、檸檬，還是火龍果呢？

最火爆的，當然就是選榴槤的那幾位。他們形容自己的婚姻狀況就如榴槤般硬刺刺的，常有衝突。

很多人都以為，新婚燕爾就是甜甜蜜蜜。到生了小孩，很容易把重心放在孩子身上，兩夫妻關係開始情淡如水。至中年過後，大家退下職場，就可以重拾恩愛。這是很理想化的分階段。

但談到夫妻的婚姻是冷是熱，還是有準則可言的。以下八點可給大家參考：

坦誠

願意把自己真實的感覺和想法告訴對方，不會刻意隱瞞。重要的指標之一是「可讓對方看自己的手機」。

重視

重視配偶的感覺和想法，不會愛理不理，完全不當一回事似的。

爭執

夫妻間一定會有，但不會因一些雞毛蒜皮的小事就變成大吵大罵，而是懂得大事化小，小事化無，而且不會記仇。

同理

夫妻溝通出現問題或意見分歧時，待心平氣和後，懂得站在對方角度設想，讓風波平息。

浪漫

別說老夫老妻不需要浪漫，夫妻間的感情需要定時約會交心培養的，不可或缺。

共識

雖然個性不同，價值觀也有異，但總能在大議題上達成共識，這樣才能攜手同心走下去。

家人

關顧對方的家人，過時過節探望與送禮都是一種表態，最好是把配偶家人如自己親人般對待。

夢想

除了孩子以外，還要有夫妻共同的夢想。特別中年以後當孩子長大成人，就是夫妻追求夢想的好時機。

這是我的經驗總結，也是彼此的提醒共勉。

有關愛或情的

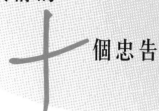

十 個忠告

1 如果把所有**專注力**與**時間**都放在一個人身上，誰也承受不起！

2 我們若不懂好好**愛惜自己**，對別人的愛也可能是一種控制。

3 別以為愛情一來，就解決所有問題，那才是顯露人**本性弱點**的開端。

4 此刻若活得**快樂滿足**，那才是我們準備好迎接愛情的時候。

5 請記着，不斷**查探懷疑**，守不住愛情，反而會將他踢走。

6 與其苦苦抓緊對方遠離的衣袖，不如**好好美化**自己憔悴的容顏。

7 **計較**，是讓愛變質的毒藥。

8 愛情是會讓人**受苦**的，但苦盡，智慧與頓悟便來。

9 原生家庭是會影響我們怎樣表達愛，但從**自省**開始逐漸
將之化解。

10 神就是愛，唯有與這**真愛的源頭**結連，才懂得愛。

**此刻若活得快樂滿足，
那才是我們準備好迎接愛情的時候。**

男人最傷不得的是……

男人並沒有女人集體意識裏想像得那麼強大，特別是在家庭生活中，**女人無意的生活細節表現，也許會不小心傷害了男人看似強大的自尊**。面子可是男人的第一要務，愛他，就千萬別犯以下的錯誤！

1 男人不願意被標準化管理

「她喜歡把家裏打掃得光彩照人，對家人也很苛刻。她要求家人在吃飯的時候要像開會，餐具不能發出任何聲響。有一次，她和丈夫正在親熱，忽然發現桌子上的三明治要掉下來，她迅速推開丈夫，衝上去接住了三明治，再把桌子擦乾淨，但丈夫已是一臉無奈……」

她為了得到別人認同，壓抑自己的情感，當她把負面情緒轉嫁到男人身上，無疑是很可怕的。有這些典型問題的女性，要多注意觀察別人的家庭，嘗試過平常人的生活，從而認識到，並不是所有的家庭都要一塵不染，每個成員都要衣著光鮮，相比之下，追求自然和諧的家庭更幸福。

此外，還要多站在家人的立場上看問題，比如多和家裏人聊天、多開玩笑，甚至可以嬉戲打鬧。潔癖是許多男人難以接受的，因為一個正常的男人絕對不會對潔淨有過分的要求。妻子要學會換位思考，更多地考慮男性的生活習慣，在家庭整體清潔的前提下，避免要求過分的苛刻。

2 男人認為妻子的忠誠比天大

「她熱愛社會交際，但她在家庭中絕不讓步和妥協。她

渴望與丈夫平起平坐，在家中追求絕對的自由，見到帥哥也會怦然心動，於是與健身教練發生婚外情。當被丈夫發現以後，她用一些小手段擺平。丈夫雖然諒解她的錯誤，但是夫妻感情從此埋下禍根，夫妻矛盾進一步升級……」

很多女權主義者總希望男女平等，但在涉及到原則的問題時也出現失誤，甚至踐踏了男人的權利，踐踏了男性的尊嚴。因為這些女性沒有意識到，家庭是男人尊嚴的最後領地，在家庭紛爭中，女人要學會妥協，多示弱，不要以自我為中心，即使在生氣的情況下，也千萬不要選擇一夜情或者婚外情作為賭氣的資本。因為多數男人能夠忍受妻子發脾氣和吵架，但是絕對無法容忍女性身體上的背叛。在這個問題上，男女有着本質上的區別，女人甚至可以容忍男性一次甚至多次身體上的出軌，但是男性不會容忍女性有一次這樣的情況。

這類女性在家庭紛爭中，不要太自私，也不要走向極端，**尤其是不要和愛人較勁，因為較勁的結果往往會讓愛情走進死胡同**。一旦家庭出現小摩擦，首先要找朋友先聊天，或者是看看父母平時是怎樣處理問題，爭取轉移注意力，降低控制家庭矛盾主動權的欲望。家庭是兩個人的世界，要像對待一件傳世之寶一樣珍惜。

3 男人擔心妻子處處比自己強

「她是一個女強人，結婚後放棄了事業，養育了四個孩子。但她依然會表現出強悍的一面，有一次丈夫的老闆到家

裏開會，她忘情地加入討論，搶了丈夫的風頭。四個孩子長大以後，她又重新回到職場，與丈夫在同一家公司工作，但職位比丈夫高。丈夫主動幫助她分擔了大部分家務，可她卻常常對丈夫指手畫腳，傷透了丈夫的心……」

無論女性多麼聰明和堅強，都應當盡全力維護男人的尊嚴，不要傷害丈夫的自信和自尊。**聰明、事業有成的女人更應該學會在丈夫面前經常撒嬌、示弱**，甚至可以找一些特別簡單的，他可以脫口而出的問題來問他，給男人更多的自信。

事業有成的女人不要以為誰賺的錢少，誰就應該多做家務，丈夫做家務是出於愛護妻子，所以對這樣的行為一定要多加以肯定。在傳統意義上，男性擅長於工作，女性擅長於家務，所以當一個男人家務做得不好的時候，做妻子的一定要理解。尤其是有孩子的家庭，爸爸願意和孩子玩是非常難得的。要知道，能做一個好爸爸很了不起，這甚至比做董事長還要難呢！

4 沒主見的女人讓男人很累

「她屬於那種沒有主見的女性，她始終在每一個擦出火花的男人面前遊移不定：餘情未了的前夫、真心相愛的男友、新結識的帥哥……她不知道誰愛她，更不確定她愛誰，甚至經常需要旁人替她拿主意。她有一點可愛，有一點單純，還有一點傻，但她在感情上搖擺不定卻給自己和愛她的人帶來了痛苦。可以說，她的沒有主見讓她喪失了生活的主動性……」

　　這類女人總是理想化、程式化，沒有做過真正的自己，對生活目標很迷惘。男人很難知道這樣的女人下一秒會做什麼，因為妻子總是舉棋不定，這種性格會讓丈夫非常累，他要分出很多的精力來為妻子拿主意，短時間內或許不會有很大的影響。然而長時間的話，他會覺得妻子沒有為家庭盡到應該盡的責任。男人在工作上已經身心疲憊，加上妻子的過度依賴，很可能有一天會承受不了。

　　解決這個問題最好的辦法，是多展現自己，多在朋友聚會場合，或者一些公共活動中培養和鍛煉自己的能力，這樣可以讓自己變得自信，相信自己的感覺和能力。

　　此外，一定要找到一個適合自己的職業，並爭取做出成績，在謀求事業的過程中，會變得愈來愈有主見。

　　還要多創造當家做主的機會，可以是一些柴米油鹽的小事。多拿主意會讓這一類女性堅定自己的生活目標，享受更高品質的生活。

女人最拗不過的是……

男人愛講道理，女人卻愛講感受。通常衝突出現，就是女人跟男人講感受時，男人卻訴諸道理。

比方說，當職業女性的太太，向先生訴苦：「這陣子工作很忙，老闆也不肯體諒，真是辛苦！」

「那就辭職別幹吧！回家當家庭主婦好了，我養你！」老公豪氣的回應，太太聽到，卻感覺不是味道。

「我不是想辭職，而是感覺很不好受！」

「不好受就離開嘛！整天埋怨也沒有用的。」老公把老婆的訴苦變成「埋怨」，老婆聽到更加不爽。

「我只是說說，哪兒算是埋怨？」

「你明明是埋怨，怎說不是……」

就這樣，兩口子吵了起來。

老實說，感受是很主觀的，是個人的感覺，很難爭拗的啊！而女人談感受時，咱們最需要的是同理的體諒明白，還有深深的接納，而不是提供解決方法。

聽過女人彼此分享感受嗎？如果甲說：「上班好辛苦啊！」乙就會回應：「你這樣就叫辛苦，我比你更苦啊……」

然後，就會如數家珍般把在辦公室的辛酸一一道來。

女人的世界裏，感受是個共鳴的詞。彼此感受交流，彼此的苦水倒了出來，互相安慰幾句，心情就會平復很多。男人大概很難明白這個淺顯的道理，總以為要説些什麼做些什麼。

其實，面對女人分享感受，最有效的回應是：無聲勝有聲。不回嘴，但點頭回應，配上同意的眼神，就已足夠。

或可以表達認同。即或真的想回應幾句，就説：「看得出你真的很辛苦難受！」或「嗯嗯」點頭稱是就好。千萬別追問緣由，然後加一句「這些也算是苦差嗎？」因為這樣的回應就像是在否定她的感覺。

抱抱她讓她知道有人在撑自己，這是最有力的，能讓女人知道無論發生什麼大事，這有力的臂彎就是她最堅實的倚靠。

總之一句，女人談感受時，千萬別跟她爭拗，順着她心意去安慰，她最受落。

對浪漫的

十個反思

1 用錢買得到的浪漫，一個**不細心**便變成浪費。

2 有些時候，**想像出來的浪漫實現了，原來並不浪漫**。就像籌備一個童話般的婚禮，最終發覺在滿足的只是那種幻想，但兩情其實並不相悅。

3 浪漫只是剎那的火花，**廝守卻是終身的承諾**。

4 滿足對方浪漫的需求，只是愛情的一種表達方式，**並非唯一**。

5 天天說「**我愛你**」卻沒有行動，只是「賣口乖」。

6 浪漫是我們無論怎樣窩囊不濟、流血不止，所愛的仍會**張手懷抱**。

7 日常細心對待的浪漫，才是真正的**細水長流**。就如口渴時送上的一杯熱茶，感覺冰冷時為我們披上外衣，背人垂淚時遞上的紙巾……

8 浪漫是不視對方的愛為理所當然，並懂得**相敬如賓**地相待。

9 浪漫是兩顆本來剛硬孤寂的心，經過**時日的熬煉**，最後熔在一起。

10 浪漫是看穿對方的缺點和優點，仍有一種甘願**白頭到老**的堅持。

浪漫只是剎那的火花，
廝守卻是終身的承諾。

相敬如賓

記得多年前訪問過一位女士，她跟丈夫是指腹為婚的，結婚三十多年來，一直相處融洽，很少爭拗。問她箇中的要訣，她說只有四個字：相敬如賓。

原來這位女士的媽媽跟先生的媽媽是好友，在鄉下的時候已彼此約定，如果一個生仔一個生女，將來會結為夫婦。沒料到十多年後，這對摯友的諾言竟變成真。但結婚那天由於雙方認識不多，洞房花燭夜成了他倆彼此認識的開始。那晚，她喊他陳先生。陳先生幫她倒一杯茶，她會說：「謝謝。」陳先生遞給她一個蘋果，她也說謝謝。

那天聽她娓娓道來這段沒經過戀愛的婚姻經歷，愈說愈甜蜜，簡直羨煞旁人。

「我跟他到現在仍然是以禮相待，就像新婚夜那樣。」聽到這樣的故事，現代人可能覺得不可思議，但我卻放在心上，反覆思考：**一直覺得夫妻間的彼此尊重，就算多熟也要以禮貌相待，才是維繫婚姻的良方。**

見過不少恩愛夫妻，在人前人後都尊稱自己的另一半，甚至親暱地叫聲老公、老婆。我到過他們家中，那位老公見老婆感覺有點涼，就立刻幫她拿外套，老婆也會以多謝回敬。

也見過一些夫妻，無論大小事情都要問過配偶的意見，不會獨個兒貿貿然行事。就如幾個已婚的閨蜜去旅行等事

宜，唯獨她不理姊妹們的取笑，一定要問過老公才作準。**凡此種種都是重視對方的意見，也是愛之以情，待之以禮的體現。**

只可惜現代人生活步伐急速，動輒就會向另一半發脾氣。用最差的面貌對待最心愛的人，變成「相碰如兵」。要扭轉這種頹勢，可以從一些生活細節的關顧做起，試試今天為心愛的他泡杯茶看看！

求同存異

這天，因着我跟老公《雙劍合璧》的網上節目要上熒幕，兩人被拉了去拍造型照。我在這邊廂化妝，卻看到攝影棚中的他，被攝影師要求這樣伸手舉劍，那樣擺款仰天，喜見平日莊重嚴肅的他，搖身一變成任由擺佈的「大男孩」。以前認識的他，完全不是這樣的人啊！

其實，這也是我倆其中一大差異，就是他愛正經，我愛嬉戲。別説我們，就是其他夫妻也總出現價值觀與看法迥異的問題。小則煮的菜該濃還是淡，大則是拿多少錢回娘家，該怎樣照顧父母等，都會看法不同。

夫妻間爭拗的底牌，往往也在此。因為我們總覺得自己的看法是最好，也是為對方好。那該怎辦？

避而不談，早晚還是會「爆發」出來的。還不如找個時機，大家好好坐下來談談，彼此了解。

首要做的就是先放下手機，才能專注聆聽。

此外，就是「一次只談一個議題」，太多應付不來。比方説該否送孩子到外地讀書，就把「正反」方向的意見都寫下來，平心靜氣討論，當然還可以加上對這議題的「感受」，説不定聽到另一方的心底話，原來是「捨不得孩子離開」。

但也有些議題，不用那麼執著。比方説個人的生活習

慣。有人喜歡把桌子收拾得乾乾淨淨，有人愛亂中尋寶。大家就「隻眼開隻眼閉」吧！

當然，也有些時候會發覺大家各執一詞，愈吵愈烈的。這時就要記住「煮滾的湯會溢出煲外」的畫面，唯一該做的就是「熄火」，讓討論暫停，離開現場，擇日再談。

這些都是需要慢慢鍛煉的溝通「火喉」。到有一天，我們可能會發覺，**與配偶的「不同」，正是互補互助的天作之合。**

家有兒女

為父必須有的五個心

　　五十年代後出生的人有很多名稱，因為第二次世界大戰剛剛結束，大量嬰兒出生，於是稱為「嬰兒潮」的一代。這一代成長的過程中，因家貧和家中生了很多小孩，而家中的經濟支柱無疑是父親，加上面對世界經濟復蘇，父親為了養家而努力工作，這一代小孩就成為「無父的一代」。按呂大樂教授分析香港人，這一代是「第二代」。不過，這一代卻也享受着「經濟起飛」的年代。每一代始終不完美，卻也有恩典。重要是我們如何看待自己這一代。所以，不要只是埋怨自己是「無父的一代」就不懂為父，重要是有為父的心：

1 關愛心

　　我強調是「關愛」，不是「溺愛」，就是說愛必須要有原則，不是放縱。家應該給予安全感。**父親的「關愛」就是一種安全感**，他所說的話要給予正面思想，因為負面思想讓人更低沉，而「關愛」能使兒女走向光明。

2 憐憫心

　　憐憫不是可憐，英文是 Compassion，直譯是「共苦」，意思是明白對方的苦況。為父需要有這個「心」，因為這個年代改變得太快，特別社交媒體的出現，為父需要明白，兒女所面對的挑戰是嚴峻的。

3 同理心

最近與女兒談到年輕人，無論男女都喜歡染髮，我的反應是「不好看」。女兒回應說：「可能有人看到你的髮型也不喜歡呢！」真的，不同年代的潮流可能以不同形式來表達，為何我們不能站在下一代的立場，理解他們的喜好和感受？

4 指教心

寬容是重要，只是不能沒有界限。為父的看到兒女真的走錯方向，應該有責任指教，以免繼續的錯下去。當然，指教的過程中一定會讓兒女有不高興的情況，因為忠言逆耳，但也只能接受。

5 欣賞心

我把欣賞心放在最後，因為我相信這是很重要。只是，欣賞很容易兩極化，隨便地說一些沒有重點的稱讚，或好像只是在雞蛋內找骨頭的欣賞則可免則免。我們要發自真心的欣賞，這種欣賞才能推動人成長。

這幾年已開始看重父親在家庭裏的位置，不要被「無父的一代」成為不能做好爸爸的藉口，技巧有它的重要，「心」卻是更重要。

為父必須有的

五個心（二）

承接上文，為父還有以下五個心：

1 真誠的心

真誠是「從心底發出真心真意，坦誠相待，以致能感動他人，產生對自己的信任。」我相信人與人相處，真誠很重要，對待兒女更重要。因為，父母可以說是兒女的第一任和最重要的老師。怎樣對待他們，他們不會體會不到。若想孩子們向自己訴說心底話，不如從自己開始，以真誠待孩子，才能產生信任。

2 保護的心

父親對兒女必須要有「保護的心」。「保護」的意思就是當兒女面對危險的時候必須要站出來保護他們。父親是一家之主，而家對兒女來說應該是一個安全的地方。**有時候真正的保護也需要教導與警戒。**

3 包容的心

包容的意思是「容納」和「寬恕」。我相信兩代之間的看法必定有所不同，只是是否願意在異中求同，容納對方的意見，並寬恕對方因不同意見所帶來的表現。我們的下一代

正面對很多衝擊，為父的有時候真的要多方面了解，而不只是責備。

4 接納的心

這是包容後的一個行動，就是願意接納兒女的意見。

5 平靜的心

與兒女相處不可能沒有衝突，重要是面對衝突的時候，為父的一定要保持平靜，否則只會帶來更大的爭執。平心靜氣面對意見不和，才可以找到解決的方法。

《聖經》說：「你們作父親的，不要惹兒女的氣，只要照着主的教訓和警戒養育他們。」這就是為父一生要學習的功課。

一位稱職父親必須具備的

五個條件

很多人說在上世紀嬰兒潮出生的都是「無父的一代」，不是說爸爸真的不在人世，而是因為要努力工作，以致不常在家的意思。我也是這一代的人，可以說很少見到父親。只是，社會的環境不斷在變，這世代比上一代更複雜，面對的衝擊也多。我不會說「無父的一代」的父親不好，只是這一代會怎樣去衡量一位稱職的父親？我相信有以下五個條件：

1 愛護家人

傳統上「男主外，女主內」，似乎父親最重要的角色是賺錢養家，也就是說只要能使家人有吃有住已經是一位愛護家人的父親。這種傳統的觀念或許適用在古時社會，現今社會已經是「公一份，婆一份」，**父親愛護家人的定義已經不只是養活一家，而是需要與家人有足夠的相處時間。**二〇一五年香港大學的調查發現，父親接觸兒女每日平均 1.4 小時；另外，父親與兒女溝通的時間更可怕，每日平均只是 0.3 小時。愛護家人不只是供應溫飽，也要加入溝通。

2 承擔家務

這對父親來說更是不容易，不過，一位稱職的父親，不能回家只是翹起雙手，一點家務都不管。

3 處變不驚

人生必須面對很多挑戰，要承擔一頭家並不容易，特別父親是「一家之主」，更需要在挑戰中冷靜地找出方法來面對。當然，我不是說父親要承擔所有的責任，配偶則不需要付出，而是父親的身分，要背負更重的責任。

4 勇於帶領

很多時候聽到父親說：「兒子從小就是這樣，只能讓他如此。」有時候這種說法好像並沒有錯。問題是我們是否從孩子小時候就開始給予帶領，抑或只是放縱他？身為父親，假如沒有讓孩子從小得到指導，卻認為孩子長大後一定會回頭，只怕屆時後悔莫及。

5 言行一致

若想傳遞正確的價值觀給兒女，切記不要「說一套，做一套」。兒女的眼睛是雪亮的，他們會「聽」，更會「看」。

對有信仰者來說，要傳遞信仰給下一代，真的不能只是「言」教，「身」教有時候更重要。

父親，
永遠無人可以取代

美國兒童心理學家詹姆士‧杜布森曾講過一個關於大象的故事：

在南非西北部的國家公園裏，工作人員發現溫馴的大象突然開始常常攻擊其他的動物——年幼的公象在沒有受到任何挑釁的情況下，卻凶狠地攻擊附近的白犀牛，甚至殘忍地將牠們踩死。經過多番查證，才發現是由於政府想要維護公園的生態平衡，在象群數量激增的情況下獵殺了很多成年公象，導致很多小象成為孤兒。失去了成年公象的管教與示範，小象們不知道如何與其他動物共處，身體本能的攻擊性毫無節制的釋放了出來。

其實，孩子的成長過程中，母親在親密養育方面具有天然的優勢，父親則在培養孩子的規則意識上發揮着無可替代的作用。精神分析學派始祖弗洛伊德提出，孩子眼中的父親是集法律、約束力、威嚴、權力於一身的超人，是象徵着社會秩序和紀律的存在。只要父母能各按其職，下一代就可以平衡的發展。

這個世代的家庭，我相信最重要的是強化父親在家庭的角色，千萬不要只看重母親的重要性，以為父親只扮演賺錢養家的角色。我相信每一位父親要接納自己在家中的地位是無人可取代，而父親在親子關係上的重要性絕不比母親低。換言之，現今已經不是傳統「男主外，女主內」的時代，而是需要父母雙方分擔養育子女的責任，並陪伴他們成長。這樣的分工，不單單在下一代的教養上可以給予一個為人父母

的榜樣，也可以使子女在成長上得到更健全的發展。

　　史都華（Stoop, D.）（1995）表示，稱職的父親會隨着孩子的年齡而扮演不同的角色，這些角色包括：

1 在孩子幼兒時期，扮演**守護者**的角色，灌輸孩子信心與力量，並充分與孩子進行情感交流，使他們覺得有安全感。

2 在孩子學齡時期，扮演**約束者**的角色，成為子女道德規範的理想，並以身作則，協助子女判斷是非及對錯。

3 在孩子青少年時期，成為其**勇者**與**保護者**，和孩子並肩面對變化與挑戰，並引導孩子走向獨立、自主和負責任的階段。

4 在孩子青少年之後的時期，扮演子女的**精神導師**，協助子女規劃未來，祝福、鼓舞他們追求夢想。

　　父親們，你是很重要的家庭成員之一，永遠無人可以取代你。

建立父女關係的

五個秘訣

還記得數年前女兒出嫁的那一天，我對自己說：「一定不要流淚。」但是，在我準備要帶女兒進入教堂前，攝影師要我看着女兒拍一張照片，我卻再不能忍而掉下眼淚。對我來說，我並不是捨不得，因為這一天總會來臨，而是我回憶起過去自己怎樣與女兒相處，從而建立的那一份「愛」。我只是一位牧師，自己也可以說是在「無父的一代」的環境長大。我只能回想，我是怎樣與女兒相處，或許可以給予各位父親一點建議，能有助大家建立良好的父女關係。

1 相處重質量

在一個忙碌的社會，要爭取時間相處真的不容易。作為牧師，我的時間可以說是非常的不穩定，特別是晚上的時間。因此，最容易的藉口就是相處只要重「質」就可以。**我不否定「質」的重要，不過，「量」也是很重要**——就是讓女兒可以看到我。所以，自她上幼稚園，我就決定每天一起吃早餐和送她上學，回想那麼多年，有近九成半的時間都是由我送她到學校。不要小看每天的三十分鐘，一年下來已經不簡單，更何況十五年？「質」方面，就是能坦誠對話。

2 完全的信任

女兒小時候在學業上不可以説是最標青。按今天家長的標準，可能不達標。不過，我是完全信任，同時也會給予指引。作為家長，就是要實踐「讀書不是求分數」，盡量培養她的喜好，同時也鼓勵她拓闊自己的喜好。

3 一起渡難關

小孩成長，一定有她認為不容易的階段。這段時間一定不能説：「小孩嗎？不太要緊。」反而要細心聆聽，也要有同理心，體會她的難處，與她共渡難關。

4 常給予稱讚

女孩子當然喜歡打扮，也喜歡被人稱讚漂亮。多稱讚女兒一定能增進感情。

5 願意神介入

每天一起禱告是非常重要。因為兒女是神所託付，一定要按神的心意來教導。不過，最重要是自己「表裏一致」的榜樣。

這只是我回想過去一些自己學習的功課，希望給予為父的你一些意見。

父親對兒女應有的
五 種愛的行為

蓋瑞巧門（Gary Chapman）博士在他所寫的《愛之語：兩性溝通的雙贏策略》書中，提到一位心理學家這樣的形容：「在每個孩子裏面，都有個『情緒的箱子』等着被添滿愛。**當一個孩子真正感覺到被愛，他才會正常地成長。**但，當愛箱空了的時候，這孩子就會有問題行為。多半的問題行為都是由『空箱子』的渴求所激發。」表面上，這真的是很正確的看法，人人都需要被愛，只是在實際生活裏，怎樣可以以愛填滿這「情緒的箱子」？甚至因每一個人的經歷和成長等不同，對「愛」的渴求也是不一樣。不過，我相信以下五種「愛」的行為，或許可以給父親作參考來培養親子關係。

1 頭三年要多陪伴

要知道嬰孩出生，對父母來說就是家中突然之間多了一位陌生人，因這位陌生人不會以語言來表達自己，就增添多一份神秘感。中國人說：「三歲定八十。」這是中國人的智慧。因此，與孩子一起成長很重要。就好像男女關係，要進入婚姻前，必須經過約會。而約會初期必須付出更多時間來了解對方。可是，這卻是最容易忽略的一點，因為我們總以為頭三年孩子只是嬰兒，什麼都不懂，根本不需要花時間。

2 看重「質」的相處

對香港人來說，每一天都好像在打仗，每一天的工作已經把自己壓得喘不過氣來，相處的時間又怎會太多？對我來說，這也是一樣。我女兒念小學之時，她常常對我說：「為何你不回家吃晚飯？」我跟她解釋說是因為工作需要。不過，同時我會說：「我每一天都會跟你一起吃早餐和送妳上學。」我很看重每早的三十分鐘親子相處時間，與她溝通，直到她升上大學。

3 願意認錯

中國人說：「天下無不是的父母。」這是不正確的觀念。我記得有一次做了一件錯事，雖則不是大錯，我也會向女兒說「對不起」，這是很重要的榜樣，這就成為日後當他人指出她做錯事的時候，她也會很自然的認錯。

4 謹慎說話

「禍從口出」，這句話也是很真實。當然，人不可能避免完全不會說錯話，只是有一些詛咒的話真的要很小心。例如：「你一生都是這樣」、「我本來不想生你，只是意外」等。很多時候會是「說者無心，聽者有意」，這就會造成一些傷害。所以父母不妨多說一些「愛」和「關心」的話。

5 表達自己並不完美

要知道為人父親總好像要表現為一個強者，甚至會說：「萬事有我，不要擔心。」這些說話可以給予安慰，但也必須讓兒女知道，父親絕對不是「超人」，能力也是有限。

對有信仰的人來說，最終要把兒女帶到神的面前，因為「人是有限，神卻是無限」。

培養親子關係，
父親也有責任

　　一般來說，親子關係都會把焦點放在母親身上，母親的責任是「相夫教子」，這一詞出自春秋時代的《論語·季氏》。相夫教子是古代衡量婦女道德水平的一種標準，也是對賢淑妻子的稱讚。我相信這可能是將培養親子關係的責任落在母親身上的原因。

　　不過，時代不斷改變，今天的家庭組合已經跟傳統的男女角色不一樣。很多母親已經是雙職，甚至母親的能力比父親更強，而父親在家的時間比母親或更多，這就成為現代家庭出現張力的原因之一。所以，父親在親子關係上必須要重新思考，我對各位父親給予三個提議：

1 不要說「我沒有時間」

　　過去最常聽到父親說：「我工作那麼忙，怎麼可能有時間照顧小孩！」我不是說父親的工作不忙，而是要知道時間是自己控制，**我們應該是時間的主人，不能成為時間的奴僕**。只要有心，一定可以有時間。

2 看重自己在家中的角色

　　《聖經》提到神創造世界的時候，當看到亞當孤身一人，就說：「那人獨居不好，要為他造一個配偶幫助他。」在神的眼中，祂看重夫妻關係，《聖經》也說夫妻要「二人成為一體」，除了不能分開之外，也讓我們知道夫妻在家庭的角色都是很重要，而且是無分彼此。雖然，男女是有不同，只是**面對家庭和子女的需要，絕對不能把責任分割，而是應該共同承擔**。就好像夫妻的價值觀必須一致，否則會讓

兒女無所適從。所以,父親在家庭的角色也是相當的重要。

3 付出真誠的愛

　　我相信**無論什麼關係,最重要的是愛**。只是,中國傳統上父親比較抽離,這會讓父親與兒女較難有親密的關係。現代的父親,真的要從傳統父親的榜樣中改變,對兒女拿出真誠的愛,讓兒女能從愛中成長。《聖經》中所記載「浪子的比喻」,看到那一位父親,愛到浪子回家的那一天,他沒有責怪他,反而以愛對他,浪子也因此被改變。

　　只願這三個提議成為我們學習的方向,建立父親的榜樣。

與孩子打開話題的

五 個竅門

　　今日台灣社會出現了「新好男人」的標語，強調工作的成就並不能為男性帶來愉快的生活，在給予家庭經濟支持外，還需對家庭成員關懷、陪伴，才能提升生活的滿意與幸福感，父親的形象與父職實踐的內涵產生了很大的轉變。在美國，父職的角色從一九四〇年代前的養家者，轉變為一九四〇年代中期及一九七〇年代初期的性別角色示範者，再演變為一九七〇年代中期至今的新顧家好男人（Lamb 1997a; 1997b; 2000）。很明顯，父親的角色不斷在改變，已經不可能只是「男主外」。所以，與孩子建立關係已經不只是母親的責任，要改變傳統父親「不說話」的形象，可以嘗試以下五個竅門改變親子關係。

1 從旁留意孩子的需要（Attention）

　　父親到底對孩子了解有多少，很多時候在於是否願意從旁觀察。當然，我絕對明白父親要工作，在家的時間不能很多。不過，重點是留意，讓孩子知道父親對自己的關心，這才會讓他們願意敞開心扉地分享。

2 要聆聽孩子們的分享（Listen）

　　很多時候父親因工作太忙，比較沒有耐心聆聽孩子的需

要，加上男性傾向解決問題，沒有完全聆聽就立即給予方法，於是孩子也不會有興趣分享心中的感受。

3 在適當時間給予幫助（Empower）

父親很容易以經驗來幫助孩子解決問題，一般的方法就是金錢。其實父親可以嘗試與孩子討論問題的應對方法。要知道重要的是父親應幫助孩子自己去解決問題，以免孩子過分依賴。

4 平等分享自己的情況（Relationship）

新的一代講求「平等」。當然，父親應該維持應有的尊嚴，不能好像外國人一樣，孩子可以稱呼父親的名字。不過，**若要孩子敞開心扉分享真心話，有時候父親需要行前一步，先向孩子分享個人需要**，讓他們感受到自己已經長大，父親也對他們有信任，這很自然就會換回對方的信任。

5 必須找時間單獨約會（Time）

無論有多忙，一定要找時間與孩子保持單獨約會，讓大家可以暢所欲言。

古人說：「三歲定八十。」孩子的幼年階段十分重要，所以我打從女兒出生，便盡量抽時間陪她，也會盡量送她上學。她升上中學後就盡量與她一起吃早餐。她結婚後，仍然保持與她單獨約會，以致能保持我們的父女感情。這些時間的付出肯定是值得的。

鼓勵孩子的

五 句話

還記得我小的時候，上一代常常說：「不要讚賞小孩，會讚壞的。」所以，我從小都不常聽到父母對自己說鼓勵的話。現代父母剛好相反，不該鼓勵的時候，也會稱讚一下孩子。這好比鐘擺，很容易走到兩極。我相信適當的鼓勵是需要，但並不限於成績，而是對孩子整體表現的評價，以下是我覺得值得向孩子說的五句話：

1 真不錯

為人父母很容易把自己的孩子捧到高高在上，卻沒有想到當他摔下來時會很難接受。「真不錯」這三個字除了有鼓勵作用之外，也表明孩子仍然有進步的空間，讓孩子可以學習謙卑。

2 有進步

有進步表明表現比上次好，卻不等於最好。中國人說：「不進則退。」這也是很重要的鼓勵。

3 長大了

這三個字表明孩子已經不只是為自己，他開始看到別人的需要，也願意付出自己的時間來幫助人。

4 很正面

凡事都可以用不同的角度來給予意見。「正面」意思不是說事事都要說「好」，而是怎樣能以「建設性」的角度來看每一件事？不只是批評，而是給予解決方法。就算解決的意見不被採納也不是問題。

5 盡本份

當知道孩子已經盡了本份卻仍然沒有達標，必須給予鼓勵。我們很容易因不達標來責備，卻沒有欣賞孩子的努力。

曾聽過一個故事，就是人在很口乾的時候看到面前有半杯水，那人可以有兩個反應：其一是感謝有半杯水；其二是埋怨只有半杯水。若要能使自己的人生可以有所喜樂，就要有感恩的心。人活在埋怨中不可能喜樂。**看到孩子有所成長，雖沒有別家的孩子那麼好，若能感恩，就會活在喜樂中，因自己的喜樂也能使孩子活出喜樂。**

我們很容易因不達標來責備，卻沒有欣賞孩子的努力。

教導下一代的
五件事

從小已經聽到人說「一代不如一代」，我並不太認同。因為我相信下一代理應比我們這一代活得更精彩，否則社會只會倒退。**我相信要下一代更精彩，父母的責任不能少，因為父母始終是下一代最重要的老師**。我這樣說並不是說學校的老師不重要，只是父母的身教更為重要。以下是父母可教導兒女的五件事：

1 認清事實

世界可以說愈來愈複雜，要了解每一件事情並不容易，加上社交媒體的發達，很容易就可以把消息廣傳，只是內容是否完全準確？我們不可能制止他們吸收信息，重要是教導他們盡可能多了解。最基本就是避免看後不假思考就相信，這樣會比較危險！

2 努力學習

中國人說：「行行出狀元。」我這不是說一定要在讀書上努力，也可以在自己有興趣的事情上努力，不要輕易的放棄。

3 尊師重道

或許這一點比較不容易教導，甚至這個世代可以說是比較常投訴老師。當父母親也不一定尊重老師，怎樣去教導孩子尊師重道？「尊師」不是說老師一定全對，若老師有錯，重要是溝通。投訴只是其中一個提出問題的方法，重要是如何解決。「重道」是一件事情的發生，不只是找出誰對誰錯，更重要是找出真理真相，有錯的就認。

4 擇善固執

我相信知道「對」與「錯」是很重要。有時候做正確的事可以換來很多的批評也不一定，特別在社交媒體上，說每一句話似乎不需要負責任。不過，若是真理，就要持守。

5 仰望上帝

對有信仰的人來說，這是要教導下一代對信仰的認識。基督的信仰是要仰望上帝，因為知道上帝掌管一切，祂所容許的一定有祂的美意，甚至在艱難的時刻，也需要鼓勵下一代仰望上帝。

當然，教導下一代最重要是「身教」，兒女可以看到父母在家中的表現，若「說一套，做一套」只會讓兒女反感。當然，我也知道父母也不是完人，也只能為兒女多多禱告，求上帝保護下一代。

怎樣教導
六至十五歲的孩子？

過去我曾提過這個年代是「無父的年代」，嚴重程度比上世紀八十年代有過之而無不及。因受傳統「男主外，女主內」的觀念影響太深，上一代不太懂得當父親，我們要找個榜樣來學習怎樣當稱職的父親也不容易。

我也是在上世紀「無父的世代」成長，感恩是我成為基督徒，信仰教導我們的神是「天上的爸爸」，神既是「爸爸」，祂就成為我們的榜樣。簡單來說，天父的愛已經是最重要，也是一生要學習的功課。

不過，因孩子成長過程中有四個不同階段，爸爸怎樣以行為表達對孩子的愛？第一個階段是六至十五歲的兒童階段。

我把中學頭三年級與小學階段一同歸納是因為我相信這個年齡層比較接近，這個階段的成長過程可以說是孩子的基礎期，爸爸要多方面為孩子打好根基，包括：

1 金錢價值觀

早一點灌輸對金錢的正確觀念，例如怎樣運用、懂得幫助有需要的人和學習儲蓄等。我記得小時候各大銀行都會免費送出儲蓄錢箱，幫助父母親教導孩子。當然，年代不一樣，儲蓄方法可以不一樣。不過，對金錢的看法不會改變。

2 人際關係

我們常常會界定人有外向與內向的個性。但無論什麼性

格，也需要從小教導基本的禮貌，這點很重要。早上對人打招呼說：「早晨。」得到人的幫助說：「謝謝。」要求人幫忙說：「請⋯⋯」離開說：「拜拜。」這幾句簡單的說話都有助小孩從小建立美好的人際關係，因為人與人相處的起點是禮貌和真誠。

3 成長思維

面對資訊爆炸的年代，小孩手拿智能手機已經不能避免。只是，怎樣教導小孩正面的應用智能手機？怎樣分辨來自四方八面的資訊？我個人認為最簡單的是父親可以陪着孩子一起分辨，千萬不要馬上相信看到的資訊，要就此多問一些問題，例如：「資訊來源？」、「有沒有其他相近的資訊可以印證？」等。成長思維不是要控制小孩的思想，反而是幫助小孩培訓自我的思考能力。

4 小心舌頭

小孩很聰明，這階段的小孩就像海綿一樣不斷吸收外界資訊。我們每天在小孩面前所說的話，他們都會記在心中。所以，不要以為他們不懂，身為家長反而更要自我警醒。

因女兒在美國考了車牌，當她從大學畢業回港，就可以直接換香港車牌。有一天，我讓她嘗試在香港駕車，我坐在旁邊，發覺她開車的態度跟我是一模一樣。這時我才發現，打從幼稚園開始，我每天送她上學，她就受我的影響，學習我的態度。所以，**大人的言行舉動都被小孩看在眼內，父母只能謹慎行事。**

夫妻教養下一代的

五個共識

在傳統「男主外，女主內」的觀念下，丈夫都會把教養孩子的責任交給妻子，丈夫的角色只是賺錢養家，也以錢討孩子的歡心。若孩子出了問題，就會埋怨妻子。

隨着時代改變，雙職妻子的數字增加，妻子甚至賺錢比丈夫多，加上父親在親子關係上的角色愈來愈重要的情況下，夫妻可以如何協調教養下一代？我覺得必須要有以下五個最基本的共識：

1 要多溝通

要知道夫妻是兩個截然不同的個體聚在一起，一定會有很多的差異。所以夫妻關係的成長必須要多溝通，同樣，在教養下一代的方法上也需要溝通和協調，若發現在處理某些情況下出現爭拗，必須盡快面對差異，不要壓抑在心中。

2 求同存異

既然人與人之間一定會有不同，有時候也會因為「不同」而導致夫妻不和，小孩也成為磨心。**重要的是「求大同，存小異」**，例如：丈夫喜歡冒險、妻子比較謹慎，不必完全要一樣，或許可以一人讓一步。

3 彼此尊重

不要在孩子面前說配偶的壞話，使孩子對父母其中一方有所不敬。當其中一方正在教導小孩時，即使自己不太滿意，也不要即時在孩子面前否定對方，這會造成夫妻爭執之餘，也會使孩子知道怎樣巧妙地用不同態度對待父母，甚或不尊重某一方。

4 彼此信任

我相信父母都想下一代好，雙方的教養方式會有所不同，但出發點一定不會是想害孩子。所以，在抱有不同觀點下也要給予對方信任。尤其是妻子是家庭主婦時，就更要信任她，因為她與孩子相處的時間較長，了解孩子更深。

5 尋求幫助

若夫妻真的為了下一代而常常爭吵，不要因此掉以輕心，一定要找有專業智識的人給予幫助，多學習。否則就會讓孩子成為夫妻離異的原因，這是絕不值得。

夫妻是「二人成為一體」，既是一體，在教養孩子上也要應用一體的概念，嘗試學習這五個基本共識，使家庭更「美滿」。

能傳承信仰的

五 個意見

我們常常會說誰是「富二代」，卻很少聽到誰是「信二代」。在某些宗教信仰或宗派裏，有些人可能從小，甚至在嬰孩時候已經在父母的決定下成為信徒。可是基督教強調個人的「認信」，即是鼓勵父母要帶領下一代成為信徒。不過，在世代的轉變下，「信二代」的數字似乎愈來愈低，當然，我們都知道只要還沒有回天家前仍然有機會相信耶穌基督，所以不要被現在的數字所嚇倒。不過，始終有基督信仰的父母都想傳承信仰給下一代！在我的反省中，有五個可將信仰傳承下去的意見：

1 父母看重信仰

聽到有父母說：「信仰可以使下一代比較乖，所以就讓他們上教會。」很多父母因這個原因而想下一代有信仰，這可以說是比較自私的一種心態。這種心態並不是一種傳承，只是把責任交給教會。我剛聽說在加拿大，有些經濟上可以負擔得起的家庭，把孩子送到加拿大讀中學，將孩子安頓好後，在一個星期日帶孩子到教會，對牧者說：「這是我的孩子，你帶領他信耶穌，你要照顧他。」第二天，父母就離開，以為教會從此可以每天照顧他們的孩子，然而傳承並不是假手於人。

2 父母認識信仰

父母要接受傳承的基本責任是從自己開始，特別當兒女處於青春期，這是他們最疑惑的時候，同樣也是信仰受最大衝擊的時候，**父母親可以說是責無旁貸的要回應兒女對信仰的問題，不能只說回教會問牧師吧！**屆時兒女會認為父母對信仰都不認識，怎樣使他們對信仰產生興趣？

3 父母教導信仰

進一步，就是向兒女教導信仰。我承認父母親不一定全面認識信仰，不過，若有家庭崇拜，就可以很自然的藉家庭崇拜分享對信仰的認識，更重要是能全家人一起禱告。

4 父母鼓勵信仰

很多父母看重兒女在體育或藝術上的發展，對信仰反而不太着重。我記得教會曾經把兒童崇拜時間從原本的星期日早上轉到星期六下午，沒想到反對的都是兒童崇拜的家長，原因是星期六兒女要參與很多興趣班。我不否定這些興趣班的重要性，只是教會的三個小時真的那麼不重要嗎？相對而言，父母是否以信仰為首？

5 父母活出信仰

父母或許在教會很被看重，表現很好。只是在家中、在兒女面前的表現，是否活出信仰才是影響下一代信主的因素。

要下一代能相信耶穌，父母必須要付上應有的代價。因為兒女先看到的是父母，不是牧師、傳道人。我願為各位父母禱告，求神賜力，成為合神喜悅的父母。

怎樣教導
十六至十八歲的孩子？

很多人會說青少年處於反叛期，做錯事也是可以理解，因為在成長過程中來到這個階段，心理成長朝向獨立與自立，與父母間的見解及態度易產生衝突而形成代溝。當價值觀的重建、功課的壓力及父母的期許等令青少年造成壓力，這個階段很容易令他們表現出違抗父母的舉動。

作為父親，**不要把焦點放在他們反叛的舉止上，反而要思考怎樣建立美好的關係**：

1 以身作則，不要「說一套，做一套」

兒女在這個階段，他們已經懂得辨別真假，父親的一舉一動都會看在他們眼內。假如要兒女在未來能對社會有所貢獻，自己也要以身作則。我曾拜讀一本書：《從 A 到 A+》，作者提到一家已經被公認為達到「A」成就的公司，若這公司只滿足於「A」而不思進取，就有可能被淘汰的危機，正如中國人說：「不進則退。」父親為兒女所作的榜樣也是一樣，為父也要不斷的進步，因為無論已經有多高的成就，自己仍然有進步的空間。

2 與兒女建立一些共同興趣

在這個科技世代，日常生活好像逃不開「上網」和「打機」，甚至令很多家長最頭痛的是「怎樣可以讓兒女們不打機？」當然，偶爾跟兒女一起「打機」也是可以的。不過，我強調是培養一些對他們的身體和未來有幫助的興趣，例如一些球類活動、學習煮飯、燒菜等等。前者除了讓兒女身體健康之外，也可以增進與兒女的感情。後者也可以讓兒女看

到廚房並不是只屬於母親的「工作地方」,父親也可以參與其中。甚至學會煮飯燒菜,可以讓兒女往後出國留學時能夠照顧自己。

3 **教導兒女要承擔責任**

這段時間兒女已經有足夠的成熟度明白何謂責任感,他們應知道每做一個決定都會有後果。因此學會怎樣做決定之餘,也要提醒他們要承擔後果。

為何我會建議父親來承擔這個責任,因為父親這個角色給人的形象是比較果斷和堅毅,若打破父親的「沉默」形象,能讓青少年階段的兒女有學習的榜樣,將來可以貢獻社會,成為社會的棟樑。

為人父母的

個忠告

1 請帶着**歡喜的心**，迎接孩子的誕生。即使他的來臨，在意料之外。

2 我們很想孩子像我，其實樣貌像不像不是最重要，最好是能像咱們**好脾性**。

3 我們往往以為**耳提面命**孩子就會記住，後來才知道很多是「水過鴨背」。

4 不要用「離開」來**威嚇**孩子，他會信以為真的。

5 孩子把我們看在眼裏，看父母是否**講一套做一套**，他們才會照着做。

6 無論孩子多不聽話、多冷酷、多疏離，仍然是需要父母的**接納**。

7 不能光費心思在孩子的教育學習上，而忽略了對他的**教養**。

8 跟孩子建立關係，不是在乎花多少錢買他愛的東西，而是花多少時間跟他**相處**。

9 為人父母最難處理的情緒叫「**恐懼**」，最難學的動作叫「**放手**」。

10 孩子的一生在主手中，到他長大了，就要**獨立自主**，不能再倚賴父母。

> **爲人父母最難處理的情緒叫「恐懼」，最難學的動作叫「放手」。**

給父母的
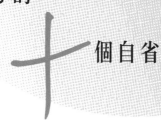
十個自省

1 我們是否在**物質**上給予孩子很多，但在**時間**上卻很吝嗇？

2 我們是否孩子到哪裏我們就跟到哪裏，但卻沒有跟他的心**連結**起來？

3 我們是否每天等待孩子回家，都問**相同**的問題，説着**重複又重複**的話？

4 我們是否當孩子犯錯時，就忍不住説出「**早告訴你……**」這句話來堵住了溝通？

5 我們是否有**答應**孩子的事情，到頭來卻**不算數**？

6 我們是否要求孩子有某個行為，自己卻只説不做立**壞榜樣**？

7 我們是否愛將孩子跟其他人**比較**（包括弟兄姊妹），讓他感覺不如人？

8 我們是否口口聲聲說「為孩子好」就幫他做決定,而不教他**自決**?

9 我們是否單單要求孩子**認錯**,自己卻從不道歉?

10 我們是否只要求孩子返教會,卻沒讓孩子真正**認識與經歷**信仰?

孩子的

十個特性

1 驚訝

對新奇未見過的事物,充滿**讚歎**。

2 率直

有話**直說**,不懂矯飾。

3 純真

對人**真誠**,絕無城府。

4 善良

覺得人人都好,並以**善意**待人。

5 好奇

對任何事情都愛**追根究底**,為問題找答案。

6 熱愛

對所鍾愛的事情會**專注沉迷**,眼睛發亮。

7 想像

創意無限,腦袋常滿載跳出框框的好主意。

8 不假裝

不懂計謀深算，不愛裝強扮傻，只露**真本性**。

9 無拘束

愛怎樣就怎樣，**不管人家怎看**。

10 相信

對大人所說的，對上主的話，**深信不疑**。

對任何事情都愛追根究底，
為問題找答案。

有關親子之愛的

十個反思

1 要什麼就給什麼的愛，很容易變成**溺愛**。

2 做任何事都不問緣由全力支持，很容易變成**縱容**。

3 不給規範，**不管教的愛**，等於從不告訴孩子紅燈該止步般危險。

4 二十四小時陪伴孩子的愛，年幼時是**保護**，青少年時就變成**牢籠**。

5 父母都是有血肉的人，都曾口出惡言，但**醒覺**後盡量減少便是。

6 罵者愛也，但要**罵得其時**，**罵得其法**，孩子聽進去才有用！

7 我們愛孩子的「方式」，多少都受上一代影響，要**去蕪存菁**。

8 讓孩子知道無論他變成怎樣，**父母仍是愛他的**，這點至為重要。

9 **相信**與**欣賞**孩子是愛的實踐，通常比囉唆指摘來得有效。

10 愛中最難學習的功課就是**放手**。

生了孩子，
夫妻關係更難搞？

我是結婚十年後才生孩子的。

為什麼？因為我們很享受二人世界，也覺得養貓養狗就好，養育一個孩子很不容易。怎曉得當年老媽常在我耳邊說：**「有了孩子，你的世界會很不一樣！」**最後，決定一試，怎知一索得女，而我的世界也從此變得很不一樣。

到底，夫妻生了孩子，彼此的關係會變得更幸福嗎？《婚姻的幸福科學》一書指出，「幼兒三歲前，67% 的父母反映婚姻要比孩子未出世前來得不快樂，新手父母吵架的次數也比沒有孩子的夫妻多出八倍。」總括而言，就是有了孩子後，夫妻會更忙碌、花費更多，夫妻的關係也更疏離。

說到底，生孩子如果是一筆帳，這帳是注定會蝕的。因為我們一定少了時間，少了金錢，還有更致命的影響，就是夫妻之間的關係。因為很多時候，新手媽媽都會把全副精神用來「湊仔」，很容易忽略另一半的需要，成了不少婚姻關係破裂的主因。

但當過媽媽的你我也知道，父母這筆帳，不是這樣算的。當我們見到孩子的微笑，孩子開始坐着學行車學行，或聽到孩子說「我要爸爸媽媽」時的那份喜悅，絕非是金錢所能比擬的。

我不否認生了孩子，夫妻關係是面臨一個新考驗，但綜合身邊的「過來人」經驗所得，能順利過渡且享受家庭樂的

夫妻也為數不少。他們的特質就是：夫妻都願意一同學習，如參與親子課程，並樂意分工合作，找到同路人同行分擔，更重要的是「**夫妻之間沒有停止拍拖**」。

　　記得我生了孩子後，老公會參與照顧孩子的大小事務（餵奶、換片等），也跟我一起研讀親子書籍，更重要的是維持一周起碼一次的「拍拖時間」。所以至今我也慶幸自己當了媽媽，那是我一生最好的抉擇之一呢！

有關親子溝通的

十 個觀察反思

1 要搞清楚，是否真的想跟他溝通，還是單純想督促他做功課？這一代孩子**精明**得很，一聽你的說話便知道你的意圖。

2 不同年齡的孩子，對溝通的回應也不同。年幼的孩子不懂表達，需要父母多些**引導**，青春期的孩子不想表達，父母的問題最好**適可而止**。

3 好好珍惜孩子年幼時跟我們**親密溝通**的日子，因為長大了就不一樣。這可是成長必經的進程，想想咱們年輕時，也是這樣走過來的。

4 每天最好找一個大家都可以放鬆的時間，隨意聊聊，成為**習慣**。近代不少人建議好好吃一頓飯，在飯桌上可以談天說地，分享每日見聞甚至烏龍事。

5 溝通時，不一定都由父母提問，**孩子也可以提出問題**。孩子年幼時，最愛問問題，至年長了，最怕答問題，特別是父母想「套」他講心事的時候。

6 放下手機吧！溝通需要**專心**的，聆聽之餘更要觀察對方的眉頭眼額。但若你跟孩子的溝通途徑只剩下「手機」，那就維持着吧！

7 孩子不是什麼都告訴我們，不是他不信任我們，而是因為他**長大**了，需要獨立自主的空間。

8 想打開孩子的金口之前，不如先想想他為何**沉默不語**。是因為他怕講了出來會引起父母懷疑追問？還是因為這牽涉到朋友的私隱？抑或怕父母擔心？

9 不如試試跟孩子分享自己的軟弱糗事、趣聞，説不定帶來溝通的轉機。想想跟朋友的溝通也是如此，當我們願意披露個人的感受心情，就可以讓孩子看見**不一樣**的父母。

10 無論如何，也**不要放棄溝通**，因為這是維繫關係的根基。溝通不一定要推心置腹，句句真言，那會讓人太沉重。有時閒話家常，談談吃喝玩樂，跟孩子打一場籃球，看一場電影，都是溝通啊！

臨睡前跟孩子聊聊的

十 個話題

1 **夢想中**想去的地方是哪兒？有什麼吸引的地方？

2 心中的**英雄人物**是誰？他有何特別？

3 用什麼**顏色**形容你的家庭？為什麼？

4 過去半年，在學校有發生過什麼**難忘**的事情嗎？

5 碰過**最好的人**是誰？他怎樣對你好？

6 試試**評價**身邊的好朋友，逐一說說他們的優缺點？

7 請用家中一件物件**形容自己**，你會選什麼？

8 請用三**個詞語**來形容家中的每一個成員？

9 好朋友該具備什麼**條件**？

10 你最想為誰**禱告**？

別再溺愛孩子的

個小提示

1 想想買給孩子的東西,是他**需要**的,還是我們童年欠缺的?

2 常為孩子張羅安排之餘,總要**留一些責任讓他來承擔**。

3 孩子能做的事情,**盡量讓他去做**,特別是讀書以外的事,如把自己的書桌書架收拾好。

4 孩子是孩子,不是我們的老闆,不能事事都聽他。比方說星期天去哪兒吃飯,孩子可以建議,但父母可有**最終決定權**啊!

5 沒時間陪孩子,不等於陪伴時就任他擺佈。明白父母因為工作忙碌,一有機會陪孩子就會讓他作主,但**他作慣了主就不會聽你的了**。

6 安撫孩子的情緒有很多方法,不一定要靠買新玩具。新玩具只是逗他一時歡喜,並沒有教導他**如何面對那些不如他意的處境**。

7 大人講話的時候，要告訴孩子不能插嘴。這是規矩、禮貌，也是讓孩子學習「**延遲滿足**」的一個小功課。

8 若發覺孩子愛亂發脾氣，要求多多又不易滿足時，要檢討一下了。這代表孩子總是想所有人都聽他、關注他，**他拿到主導權了**。

9 孩子需要獨處玩耍的空間，這是成長獨立必須學會的，但同時也要懂得跟人分享，學會輪流來玩的觀念，讓他知道**這個世界不是單繞着他來轉的**。

10 雖然明知這樣做孩子會吃苦，甚至有可能受點小傷，也要**放手讓他試試**，如讓他從跌跌撞撞中學會踏單車一樣。

有關界線的

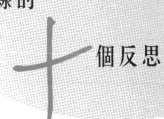

十個反思

1 界線必須訂立，而且**從小開始**最好。

2 界線是讓孩子從年幼就**知道什麼可以，什麼不可以**。

3 隨着不同年齡，界線也可以**循序漸進**。年幼的界線，不少是與「安全」有關，年紀稍長，離不開禮貌、品格、個人責任等等。直至步入青春期，父母要將個人的價值、信念取向跟孩子分享，讓孩子建立個人的界線與價值。

4 界線太緊，會讓人**寸步難行**。界線太寬鬆，會讓人**不知分寸**。

5 我有我的界線，你有你的，需要**彼此尊重**，但不代表可以任人逾越。

6 不要害怕跟孩子起衝突而不訂立界線，這是**縱容**之先。

7 界線的另一代名詞是「**責任**」，就是每個人當盡的責任。

界線的另一代名詞是「責任」，
就是每個人當盡的責任。

8 界線**清晰**，陳說後果，孩子便知道怎樣跟從。

9 孩子會越界測試我們的底線，做父母的要**立場一致**，溫柔堅定地回應。

10 《聖經》的**十誡**，讓我們清楚知道如何為孩子立界線。

管教孩子十訣

1 千萬別在自己**情緒失控**的時候管教孩子。

2 別在大庭廣眾面前痛斥孩子，**那不是管教，是羞辱。**

3 管教時最好盡量少說那些**損害**孩子心靈、讓孩子**自暴自棄**的話。

4 管教要**及時**，不能拖太久。

5 別以為一次**指正**，孩子就會從此改過。

6 但管教若變成吹毛求疵百般挑剔，**會讓孩子覺得不達標而自卑沮喪。**

7 這世代的孩子腦筋靈活，個性不同，所以**管教的方法也不能千篇一律。**

8 管教中**常帶肯定**，讓他相信自己可以改變過來。

9 **溫柔堅定**的眼神，**簡單扼要**的說明，比咄咄逼人囉唆說教有效。

10 管教之餘，一定要切切為孩子禱告，求智慧的主**指引我們**。

幫助孩子從失敗中站起來

十 訣

1 不用常把孩子的**得失**掛在嘴邊，作為鼓勵或炫耀的藉口。

2 這會讓孩子覺得自己表現的好或壞，就是父母對他的**評價**。

3 失敗的當下，孩子最需要的是我們的**接納與擁抱**，不是責難。

4 如果事前有教導孩子怎樣**面對失敗**，失敗臨頭時孩子就會用之來實踐應對。

5 從孩子熟悉的人及事物入手，讓孩子知道就算多成功的人，**都有過失敗沮喪的時刻**。

6 父母若分享自己怎樣從**挫敗中走過來**的經歷，比起特意提點他不要犯錯有效。

7 看到孩子已盡力，即使結果未如理想，也要**欣賞他的付出**。

8 不妨告訴孩子，每個人都有他的長處和弱點，失敗只是突顯他們需要**改進的地方**。

9 但更重要的是鼓勵孩子**繼續努力**，不要放棄追求心中的夢想，並享受當中的過程。

10 在每天他轉身而去，看着他遠去的背影，學習將他的每一天**交託給主**，求祂陶造孩子的生命。

失敗的當下，
孩子最需要的是我們的接納與擁抱，
不是責難。

培養孩子閱讀興趣的

十 個小貼士

1 孩子有一個問題的時候，就把他引往**書本**尋找答案。

2 可以先給孩子看他**喜歡看的書**，把他引進書的寶庫。

3 找一個大家都能輕鬆下來的時間，給孩子**講故事**。

4 閱讀是一種**興趣**，不是用來學「生字」的。

5 讓孩子生活在一個**閱讀的氛圍**之中，常常聞到書香。

6 讓他見到父母閱讀的身影，成為**學習的對象**。

7 閱讀與思考並用，培養孩子的**縝密思維**。

8 來個**角色交換**，讓孩子說故事，父母當聽眾。

9 故事講完要有**後續**，可以續寫，可以改編……

10 讓閱讀變成一件**有趣期待**的事情，孩子就會愛上。

為孩子選校的

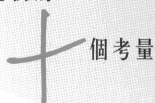

十個考量

1 人人都想考進的學校多是難考，所以別把所有**希望**只投放在此。

2 每個孩子的**潛能個性**不同，要選適合他的學校而不是為了在親朋戚友面前炫耀的。

3 **這世上沒有最完美的學校**，每所學校總有其優勢劣勢。選校的時候要搞清楚，如學校的辦學理念、價值取向、師生比例、校園設備等等。

4 同樣，也要了解孩子的**本質**，什麼是推動他學習的力量？在怎樣的學習環境下他能如魚得水？哪些是窒礙他成長學習的障礙？

5 孩子在這所學校不開心，是否到另一所就無憂無慮？這很在乎孩子的**心理質素**，就是面對「不如心目中想像」的事情或逆境時，他如何自處回應。

6 如果家長選校的心意與孩子不同，請聽聽孩子**心底話**。因為那是關乎他的抉擇。

7 人生，**有得必有失**。選校也是，魚與熊掌不可兼得。

8 最重要的是**拿定主意**，不要左搖右擺。否則，苦了孩子。

9 即使選了不合適的學校，發覺跟理想相距甚遠，給點時間適應，**鍛煉**一下孩子的能耐，說不定會發現孩子的適應力比想像中強。最後真的接受不了，來日方長，還有拐彎的餘地，並非世界末日（除非，我們讓這個思想繼續滋長）。

10 將我們所掛念的事交託耶和華，等待祂的**心意成就**。阿們。

面對開學的

個小提示

1. 我們認為孩子所需要的物品，未必是**孩子需要**，甚至只是學校要求的，如一個名貴漂亮的書包或筆袋。

2. 教導孩子懂得稱呼別人，看着別人的眼睛回話，是**禮貌**。

3. 孩子聽不聽得懂課堂所教的固然重要，但有否認識到**新朋友**也很重要。

4. 跟同學相處重要是**尊重**，也就是説老師叫別人發言時，不要嘲笑插嘴。

5. 教導孩子**自行清理**自己的課桌，下課離開時記得把垃圾丟掉。

6. **校有校規，班有班規**，這些規矩父母有必要跟孩子討論，讓他明白。

7. 隨着孩子長大，**父母的角色也會改變**：從「凡事幫他想辦法」至「讓他試試」及「跟他商量合作同行」。

8 開始總會有錯漏過失，就讓我們伴着孩子一同**學習改進**，不要氣餒。

9 對孩子的支持、信任、鼓勵和禱告，是助他**情緒穩定**面對新環境的基本步。

10 信不信由你，孩子**跟人相處的能力**比跟課本交朋友的能力重要。

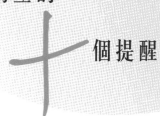

讓孩子獨立的十個提醒

1 孩子能做會做的事情，**盡可能讓他做**。

2 別人問孩子問題的時候，盡量讓他回答，**別代答**。

3 在日常生活如衣服鞋襪等事宜，試試讓孩子**做選擇**。

4 在日常家務如掃地、收拾書桌等事情，讓孩子**學習幫忙**，這是獨立自理的基本功。

5 鼓勵孩子**嘗試新事物**，有機會就培養他面對陌生環境的勇氣。

6 許多時候孩子不獨立，不是因為他們不能獨立，而是**父母捨不得**，仍眷戀着他的倚賴。

7 孩子若搞砸了東西，搞爛了攤子，就讓他**自行收拾**。

8 有天，孩子考試測驗不用我們陪讀，懂得**自動自覺**，就是踏出獨立的一步了。

9 為孩子移除眼前所有障礙，以為他的路會愈走愈順，**其實是窒礙其獨立成長。**

10 明白孩子的一生在主手中，**放手**讓他獨立就成了理所當然與安然。

鼓勵孩子嘗試新事物，有機會就培養他面對陌生環境的勇氣。

面對孩子長大的

十 個省思

1 孩子長大了，就會**甩開我們的手**。那刻，會難受！

2 那只證明孩子要獨立了，覺得可以**走出自己的路**。

3 所以對那些他聽慣了的囉唆，習以為常的叮嚀，總是**唯唯諾諾**。

4 孩子可能問十句才答一句，因為**怕我們追問**，也怕父母擔心。

5 當我們無法理解孩子**荒唐**的當下，他也未必明白我們的**執著**。

6 當見到孩子去如黃鶴的背影，不如想想該怎樣**重尋自己的熱愛**。

7 當我們的世界只有孩子時，他也未必能承擔這「**不能承受**」的重。

8 請記着，走遠的身影，不是用罵就可以**呼喚回來**的。

9 **烈怒的火**會焚燬辛苦經營建立的一切，儘管彼此血濃於水。

10 想想浪子的爸爸是怎樣等待與擁抱歸來的兒子，也讓我們從禱告中得着這樣**寬容**的胸襟。

父母學習放手的

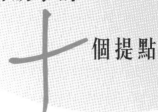

十個提點

1. 孩子成長最需要的養分不是呵護嚴責，而是**學習獨立自主與鼓勵**。

2. 孩子犯錯時，**溫柔堅定的眼神**，比怒目圓瞪跟「手指指」更有説服力。

3. 請記着，這是孩子的人生賽道，不是父母的。開始時，他不會跑可以教他跑，陪他跑，但到了時候就要退下**讓他自己跑**。

4. **父母必須放手**，孩子才會真正學懂自己走。否則，一生都賴着爸媽，獨立不來。

5. 不錯，保障孩子安全是父母的責任，但切勿把圍欄愈收愈窄，父母以為最安全，**卻讓孩子無空間可走**。

6. 孩子年幼時，總愛黏着爸媽，覺得我們是超人。孩子大了，會覺得父母只是平凡不過的普通人，不再黏着我們，這是很正常的。當孩子把心事跟別的長輩説，不跟我們説，感覺是酸溜溜的。但明白到他的人生路上，實

在需要多找尋一兩位人生導師，我們就學習**退位讓賢**吧！

7　當孩子對我們的答案提出異議，不一定是反叛，而是他開始有**個人獨立的看法**（雖然在態度上仍需改善）。

8　我們總以為孩子會忘記所以**不住囉唆**，其實他記得比我們更清楚，甚至連語氣動作都模仿得維妙維肖。

9　孩子學懂教養禮貌，通常都不是從耳朵聽到，而是**用眼睛從我們身上看見**。

10　無論孩子當下對信仰的取向光景如何，都不應放棄為他禱告，**因為主從沒有放棄**。

「捨不得你飛」的

個忠告

1 **放手讓孩子高飛**，是為人父母早晚都要學習的功課。

2 孩子仍在身邊的時候，把握機會跟他談談**價值**、**信仰**和**堅持**，別怕他嫌你長氣。

3 鼓勵他在外的日子，除讀書外，也要找所教會，多結交些**彼此扶持的朋友**。

4 別為孩子張羅準備太多，因為他長大了，開學前的準備是他的**必修課**。

5 面對異地的誘惑，讓孩子跟那些識途老馬談談，好得着**「拒絕」的智慧**。

6 不如送他一**兩本好書**讓他傍身，甚至把**心底話**寫在信上，作為送別禮。

7 儘管我們怎樣安慰自己，到說再見那刻，仍覺得沒做好**心理準備**。

8 説好再見了，別回過頭拖拖拉拉，依依不捨，還是**灑脱**點好。

9 説再見前，咱們都不知流過多少**眼淚**。原來，説再見後，仍會……

10 看着孩子轉身的背影，知道他要開始踏上獨立自主的路，**人生從此不再一樣**。

放手讓孩子高飛，
是爲人父母早晚都要學習的功課。

跟青少年相處的

個小建議

1 請接納他們的**沉默**。不是他們不想講，而是怕講了會被
追問，又或他們仍搞不清楚發生什麼事，也有些覺得跟
父母講了又如何，他們不會理解也不想聽，有些則覺得
自己長大了，懂得處理問題，不會勞煩父母。

2 請寬容他們的**冷酷**。有些時候，他們的不動聲色，是因
為怕了父母的疾言厲色，我們愈囉唆、說教、責備，他
們就愈逃避、掩耳不聽，甚至把自己關在房裏。因為沒
有人愛天天被人批評提醒的，不是嗎？

3 請尊重他們的**私隱**。每個人都需要私人的空間，青少年
更是。他們不理睬父母，不代表他們不愛父母，只是他
們要學習獨自面對世界，不再當倚賴父母的小孩，並保
有個人秘密的私隱空間。

4 請嘗試打開**溝通之門**。同理與聆聽，永遠是打開溝通之
門的靈丹妙藥，對青少年也不例外。簡單一句「我好想
聽聽你的想法和感受」比質問「你為什麼會這樣那樣」
更有效，讓青少年感覺父母想進入他們的世界，也能將
彼此的距離拉近。

5 請停止**反應激烈**。許多時候，我們因為青少年的一個行動，如大力把房門關上就大動肝火，又或大驚小怪，通常這只會挑起他們的反叛或不發一言，對誰也沒有好處。

6 請保持**開放的心**。的確，現今青少年的成長環境跟我們不一樣了，他們的想法打算也跟我們預期的有別，正因這樣，更加要保持一顆好奇開放的心，多了解他們的想法，建立連結，才是至要。

7 請停止為他們**安排**，或只為他們作適可而止的安排。青少年有自己的夢想，有自己要走的路，父母為他們過度安排，會剝奪他們獨立自主的機會啊！許多時候，我們覺得「最好的」，未必對他們「最合適」。

8 請冷靜**討論應對**。「有事好商量」或「有事慢慢講」，永遠都是化解衝突的良方，父母溫柔堅定的立場，樂意聆聽的專注眼神，孩子是看到感覺到的，即使表情上他是滿臉不在乎。

9 請相信彼此的**共識**。即使彼此看法不同，但若能平心靜氣討論，陳明利弊，總能找到一個大家都接納的協議，即或不然，就讓彼此退退想想，直至找到彼此同意的方案為止。

10 請別停止為孩子**禱告**。即使現況多麼讓人沮喪絕望，但請相信我們的主仍是不離不棄，等待兒女的心回轉，就讓我們學習每天為那轉身而去的身影禱告，求主讓他的心回轉吧！

兒女一家移民，
兩老怎辦？

這天，讀到那則新聞的標題是〈子女移民前一個月方通知，明言不再供養，長者求助感被遺棄〉，心中一沉。這豈不正正是我身邊某些朋友的遭遇嗎？

認識那些有子女移民的朋友，大多是中產家庭，退休後總會有些積蓄，生活不成問題。最大的問題是：子女一旦移民，感覺家好像散了，不知何時才能相見？過往每天都可以湊孫接孫，現在日子怎樣打發？

「每想到送機的那天，我的心就很不舒服，不知所措。」這天在電話中跟她談起，她真的很無奈。

「有想過跟他們一塊走嗎？」

「不啦！一把年紀去適應一個新環境，換一班新的朋友，不容易啊！還有醫療問題……不想為下一代增添負擔啊！」這就是為人父母的心腸，孩子會明白嗎？

兒女一家說走就走，留下的爸媽怎辦？有人建議，多些 Facetime 通電話，以解掛念之情。我的建議卻是，**要把家庭的重心，從兒孫放回夫妻兩個人的關係上吧！**

兒孫不在，正是大好時機，可以好好營造兩個人相愛扶持，白頭到老的二人世界。兩口子在一塊，可以做的事情多的是：

1 學習一個新課題

如一起學繪畫陶瓷,學彈奏一種樂器,學唱流行曲,或一起報讀網上課程。我有朋友就報讀了輔導課。

2 Staycation 遊玩

香港可以玩的地方多的是,可讓兩口子度假的地方也多。最近我跟外子忙完書展,就到附近旅館 Staycation,看着維港夜景,吃足三餐,好開心!

3 做義工關心社會

認識一對夫妻每個星期都會當義工,派飯給露宿者,探訪獨居長者,體驗助人為快樂之本。

記得有長輩說過:「中年以後,最重要的三寶就是:老伴,老本,老友。」有齊這三寶,兒女遠走他鄉也不愁寂寞。

作者	何志滌　羅乃萱
責任編輯	周詩韵　朱寶儀
美術設計	簡雋盈
出版	明窗出版社
發行	明報出版社有限公司
	香港柴灣嘉業街 18 號
	明報工業中心 A 座 15 樓
電話	2595 3215
傳真	2898 2646
網址	http://books.mingpao.com/
電子郵箱	mpp@mingpao.com
版次	二〇二一年十月初版
ISBN	978-988-8688-16-6
承印	美雅印刷製本有限公司